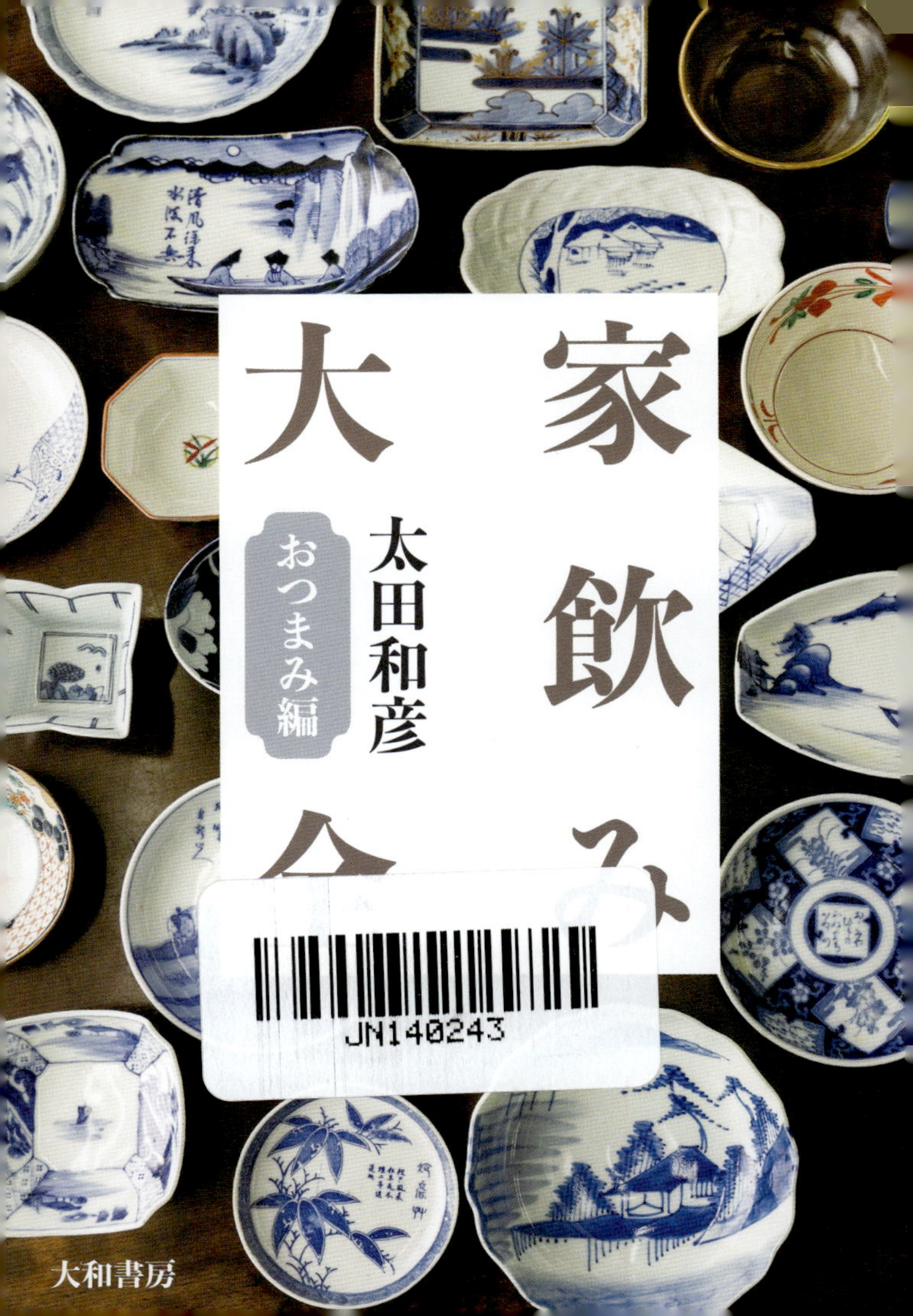

家飲み大全

おつまみ編

太田和彦

大和書房

はじめに

居酒屋が好きで何十年も通ってきたが、今や後期高齢者。そこにコロナ禍《か》もあってここ数年はもっぱら家飲みになった。

仕事場から自宅に戻って風呂を浴び、食卓につくとだいたい夜十時。夕飯はとってないのでお腹は空いている。飲んだ後は寝るだけのこれほど気楽な時間はなく、一日働いたごほうびだ。

妻は会社に勤めており、朝は私よりも早く電車で出社。同居する高齢の母の昼夜の食事も毎日支度し、夜は洗濯など日々の家事。翌日出社に備えて就寝もはやい。それゆえ一人残った私の晩酌は冷蔵庫にあるソーセージや生ハム、漬物類を自分で並べたのがつまみだ。夜十二時を過ぎたころに酒を終え、食器類を台所の流しに下げ、歯を磨いて寝た。

その妻も定年を過ぎた一昨年リタイアすると、翌日出社の心配がないからか、夜の酒つまみを用意してくれるようになった。私の晩酌は二部制で、第一部はビール、第二部は日本酒。手作りできたてのつまみは、やはり臨場感があっておいしく、今日は何かなという楽しみもある。毎日のメニューを書き残したノート「小料理いづみ お献立帖」はすでに四冊めになった。

このことを小著『家飲み大全』（だいわ文庫）を作ってくれた女性編集者に話すと、見せてほしいと興味をもち、これを本にしたいと申し出た。

もとより妻は一介の主婦、そんな素人料理に価値があるのかとの疑問に「だからいい。お酒にうるさい夫に毎晩どんなものを用意しているかを知りたい」と。

言われてみれば普段居酒屋で注文している品とは全くちがい、豪華でも珍味でもないが、私一人だけに宛てて作ったものであるのは確かで、カネはかけなくても工夫があり、いつしか定番もできていた。

こうして編集者の提案に負けてこの本になった。

小料理いづみ お献立帖

家飲み大全 おつまみ編 ◎ 目次

お通し

和えもの

魚

つまみ

焼きもの

炒めもの

煮もの

揚げもの

きゅうりの塩昆布和え

とりあえずスタートはこれ。簡単にできるお通し代表。

材料（作りやすい分量）

・きゅうり…1本
・塩昆布…ひとつまみ

作り方

①きゅうりは斜め薄切りにする。
②ビニール袋にきゅうりと塩昆布を入れて混ぜ、30分ほど置いたら完成。

きゅうりの塩昆布和え

きゅうりだけでは淋しい、塩昆布だけも淋しい。ところが和えるだけで一品に。

これが家飲みつまみの良いところ。もちろんこんなもので値段は取れないから居酒屋にはない。家飲みつまみは、居酒屋の真似をしなくてもおいしいところに意味がある。もっと言えば「おいしい」というほどではないが「あって困らない、飽きない」ということだ。

ビールでもお酒でも、飲み始めたらすぐそこに何か一品ないと落ち着かない。それが「お通し」。居酒屋でお通しが出るのは、注文した料理ができるまで、とりあえずこれでしのいでくださいというもの。しかしそれは居酒屋の腕の見せどころでもあり、ある主人は、客が一律に最初に口にするものゆえ、万人向けであっても手は抜けないと言っていた。

これは家でも同じ。あるもので簡単に、でよいけれど、買ったそのままではなく、一つ手を加え、小鉢にきちんと盛りつければ、今日のお通しはこれか、よし、さあ飲むぞの気分が盛り上がる。

きゅうりとカニカマ

ぱっと華やかで味もよい。素材の映えるお皿を使おう。

材料（2人分）
- カニカマ…1/2本
- きゅうり…1/2本
- ポン酢…少々

作り方
①きゅうりは斜め薄切りにしたら、細切りにする。
②カニカマは手で縦に割く。
③きゅうりとカニカマを合わせ、ポン酢で和えたら完成（マヨネーズでサラダ風にしても）。

きゅうりとカニカマ

塩昆布をカニカマにすると、緑、白、赤が目に鮮やかになる。味はもちろんよろしい。

カニはもちろん最高の味の王だが高価で、家ではとても無理。したがってカニカマだけど、そこが家飲みの自在さ。

わが家愛用の大阪の「旭ポンズ」は、かにちり、てっちり、牛・豚水炊、かしわ水炊、焼肉、しゃぶしゃぶと並べ書き、「完全味つけ　食べてびっくり旭ポンズ　よく振ってお使いください」と、大阪らしく世話焼きなのがいい。

カニカマのようなものはいろいろあり、例えば市販の佃煮や瓶詰めの塩ウニ、塩昆布、切っただけのかまぼこなどは、家飲みでしか味わえないとても良いおつまみだ。

ちなみに、私は佃煮は谷中《やなか》の「中野屋」がごひいきで、わざわざ買いに行き、あさり、しらす、あみ、ほんもろこ、まぐろ角煮などに加え、近所に住んでいた落語家・古今亭志ん生《ここんていしんしょう》が好んだという〈富貴豆《ふうきまめ》〉も買い、毎晩ちびちびつまんでいる。こういうものは家では作れず、居酒屋でも出てこない家飲みだけの肴だ。

しらすと香味野菜

しらすは家飲みの基本常備。どんなものにも使えておいしくしてくれる。

材料（作りやすい分量）

・しらす…適量
・みょうが…適量
・大葉…適量
・醤油…適量

作り方

①みょうがと大葉は千切りにする。
②しらす、みょうが、大葉を合わせて器に盛り、醤油をかけていただく（ポン酢でもおいしい）。

しらすと香味野菜

私の家飲みつまみの基本常備は、しらす、海苔《の》《り》、たらこ。それに青じそ大葉とみょうがの香り薬味野菜。

家飲みのお通しはすぐ出ることが肝要《かんよう》で、それには火も包丁も使わず、混ぜるだけでできるのが一番だ。いや、しらすはそれだけで最上のおつまみだ。

これを適当に組み合わせれば一品出来上がり。そこに酢橘《すだち》、またはレモンをひと搾りすればさらによく、醬油数滴で引き締まる。

素材はすべて鮮度が大切で、上等なしらすが常に買える店が近くにある人は幸せだ。私の家の近所のスーパーの魚屋は、新鮮で大きなパックのが常にあって値段も安い。したがってなくなれば買い足し。私は熱い白いご飯に混ぜるだけのが大好きだ。

レタスやサラダ菜、玉ねぎスライスなどを、ドレッシングとオリーブオイルで混ぜる野菜サラダも、最後にしらすを多めに加えるだけで、野菜だけの単調さを消してくれる。こんなに便利なものはない。

緑の穴葉に、紅白鮮やかな取り合わせは、
気が利いて豪華。

材料（作りやすい分量）

・しらす…適量
・桜エビ…適量

作り方

①それぞれを器に盛るだけ。混ぜて食べてもおいしい。

お通し

しらすと桜エビ

しらすと桜エビ

カタクチイワシなどの稚魚《ちぎょ》を一般に「しらす」と言い、獲れたばかりの生は足がはやい（傷みがはやい）ので現地でしか食べられない。

神奈川・江ノ島あたりの食堂で出す生しらす丼は、ややグレーに濡れたのを白ご飯に乗せただけだがやめられない止まらないおいしさ。しかし漁がなければ「本日はありません」となる。

これを茹《ゆ》でて小一時間ほど天日干ししたのが「釜揚げしらす」で、ここで白くなる。浜松で干しているのをつまんだおいしさ。しっかり乾燥して日もちをよくしたのが「じゃこ」。

小型のエビ・桜エビは静岡・用宗《もちむね》あたりの特産で、春秋二回の漁期にゴザで天日干しする風景は季節の風物詩でよく新聞に載る。どちらもデリケートなものだが、店にあれば必買いだ。

しらすの淡泊な旨み、桜エビの小さいながら持っている味の艶《つや》。交互にほんの少しを箸でつまみ、最後は少し混ぜるのも一興《いっきょう》。緑の大葉を下に敷いた紅白は豪華感があり、殿に献上できる肴か。これもまた居酒屋にはない品。外で飲むより、家の方がいいなあと実感する逸品。

生わかめ、しらす、みょうがのポン酢

お通し

薬味が生わかめの海味を引き立て、栄養もあるうれしい一品。

材料（作りやすい分量）

・生わかめ…適量
・しらす…適量
・みょうが…適量
・ポン酢…適量

作り方

①生わかめは食べやすい大きさに切る。
②みょうがは細切りにする。
③器に生わかめ、しらす、みょうがを盛り、ポン酢をかけたら完成。混ぜていただく。

生わかめ、しらす、みょうがのポン酢

海藻が体にいいことは誰でも知っている。春先から初夏にかけて出る生わかめは、味噌汁も、うどんやラーメンも、野菜サラダも、湯豆腐も、入れるとごちそうになり、まことに重宝《ちょうほう》だ。ただし冷蔵庫で三、四日くらいと、日もちしないので注意。一方、急流鳴門海峡《なるとかいきょう》のわかめは粗塩で保存され、年中重宝する。

これはわかめそのものを味わう一品で、しらす、みょうがは薬味程度。ポン酢が味をつくっておいしい。関東はなんでも醤油だが、関西はなんでもポン酢。酢の使い方は関西が断然すぐれている。

酒のおつまみは、野菜だけではなんとなく物足りなく、しらすやわかめなど、わずかでも海の味がほしい。私は煮干しをそのままつまむのも大好きで、これは料理いらず。海苔もまた切るだけでつまみになる。かまぼことなればそれだけでごちそう。

四方を海に囲まれた日本は、そういう保存海産物がいくつもあり、それぞれに滋味《じみ》深く、家飲みの最高の肴になる。

塩イカきゅうりもみ

塩加減と弾力が絶妙の塩イカ。銀座でも買えます。

材料（2人分）

- 塩イカ…1杯分
- きゅうり…1/2本～
- 塩…少々

作り方

①塩イカは水適量（分量外）に浸け、塩抜きする（1～2回水を取り替え、2～3時間浸ける。塩味は残す）。
②お好みの塩加減になったら、塩イカを輪になるように手で割く（割けない場合はなるべく薄く、包丁で切る）。
③きゅうりは薄切りにし、塩でもむ。
④塩イカときゅうりを和えたら完成。お好みで醤油をかけたり、マヨネーズで和えてサラダ風にしても。

塩イカきゅうりもみ

あまりなじみがないと思うけれど、わが家の定番を紹介したい。

私の故郷・長野県の「塩イカ」は、日本海で水揚げしたイカのワタを取り、茹でて、腹に塩を詰め、ゲソで蓋《ふた》をし、樽詰め保存したもの。塩がとれない海なし県は、日本海の糸魚川《いといがわ》と信州松本をつなぐ千石街道《せんごくかいどう》＝通称「塩の道」で塩が運ばれ、この塩イカもやってきて、生鮮魚のない山国で貴重な海の味と喜ばれた。

食べ方は、包丁を使わずちぎって水に漬けて塩を抜き、刻みきゅうりと和える。塩を抜きすぎないのがポイント。わが家も子供のころから常に食卓にあり、父の酒の肴だった。

塩味イカの弾力ときゅうりの柔らかさが絶妙で、私は味の素をぱらりとかけ、醤油ちょいで風味をつけている。

イカは信州では獲れないが、袋には「信州名物」とある。松本に帰省するたびにたくさん買っていたが、銀座の長野物産館「銀座NAGANO」で売っていると知り、常に手に入るようになった。ぜひお試しください。

オクラ納豆

納豆こそは生涯の友。酒のつまみならこれがおすすめ。

材料（2人分）

・オクラ…5本
・納豆…1パック
・醤油…少々

作り方

①オクラは熱湯でゆで、5㎜幅の輪切りにする。
②オクラと納豆を合わせ、醤油で和えたら完成。

オクラ納豆

納豆も晩酌に合う。そのままではご飯のおかずなので、同じねばねば同士のオクラと合わせると青い香りがついて色合いもよく、ちょいとつまめる一品になる。基本は醤油だが、塩もあっさりしてオツ。

安くてうまくて栄養もある納豆こそは幼いころから食べ続け、私を育ててくれた。朝、自転車で売りにくると下駄《げた》で飛び出し「辛子《からし》、青海苔多めね」と言って買い、丼でかき混ぜるのが私の役目。母は「納豆はかき混ぜると量が増えるんだよ」と言っていた。わが家の基本薬味は信州ねぎだった。食べ続けるのは今も同じ。

そこでわが「納豆八珍」。

・青じそ納豆　定番、色と香りを楽しむ
・生海苔納豆　季節満開、断然おすすめ
・大根おろし納豆　辛味大根の水気を絞って
・ふきのとう納豆　細かく叩いて春の苦味を
・わかめ納豆　納豆少なめに海の香りが主役
・マグロ納豆　刺身と和え、下品だがうまい
・桜納豆　桜肉（馬刺し）と混ぜる熊本名物
・納豆オムレツ　仕上げた納豆を包むように

谷中しょうが

初夏となればこれが出番。ひーひー言って楽しむのが江戸っ子。

材料（作りやすい分量）

・谷中しょうが…適量
・醤油…適量

作り方

①谷中しょうがを手で縦に割く。
②醤油に30分～1時間ほど漬けたら完成。

谷中しょうが

初夏になると出てくるのが谷中しょうが。縦に割り、醤油に漬けておくだけのもの。三十分ほどで醤油がしみてくるのを、がりりとかじるが、ヒリッとした辛味はまだ抜けず「ヒー」となるのを楽しむのが江戸っ子。

根の肌色が上に向かって、薄ピンク→白→浅緑《あさみどり》と変わる茎は美しく、浴衣のような粋な姿もまた江戸っ子好みだ。台東《たいとう》区谷口の名産だったが今は採れず、名前だけが残った。

谷中は、古い家並み、お寺、夕焼けだんだんのある大好きな所。その一角、築八十年以上になる古民家三軒をリノベーションし、井戸や休憩ベンチのある「上野桜木あたり」が気に入りだ。そこの一軒、八種のクラフトビールを出す「谷中ビアホール」は、素敵な美人若女将が着物で迎えてくれる。初夏に訪ねた時の谷中しょうがはもろみ味噌でかじるのがよかった。

数年前訪ねた時、二階から降りてきて、指相《ず》撲《もう》で仲よくなった小学三年生の男の子にまた会いたい。「しょうがのおじちゃん」と言ってくれないかな。

ささみといんげんのわさびマヨ和え

マヨネーズ味のこれは、ビールにも日本酒にも。

材料（2～3人分）

・ささみ…2本
・いんげん…4～5本
・マヨネーズ…適量
・わさび…適量
・塩・こしょう…各少々

作り方

①いんげんは熱湯でゆで、5㎜幅の斜め切りにする。
②ささみは塩、こしょうを振り、電子レンジ（500W）で火が通るまで加熱する。
③ささみに火が通ったら粗熱をとり、手で割く。
④ささみといんげんを合わせ、マヨネーズとわさびで和えたら完成。

ささみといんげんのわさびマヨ和え

茹でたいんげんは、そのままマヨネーズでおいしいが、そこに鶏ささみを加えて食べ心地を増した一品。マヨネーズは使いすぎずに、練りわさびの香りを生かした相性が発明と感じ、初めて食べた時以来、気に入りになった。

家庭晩酌の楽しみは「今日のおつまみは何かなあ」だ。私の晩酌は二部構成で、第一部のビールには生ハム、ソーセージなど加工肉食品がよく合う。

ごひいきのスーパー「ナショナル麻布」は、ミラノサラミ、スパイスの利いたナポリサラミなど、いろんな生サラミがそろい、巨大な太さ十センチもあるのを、量り売りスライスで買えて楽しみだ。どこのスーパーでも売っている、なんでもないスライスソーセージも、手製のにんにく醤油で食べるとたいへんおいしい。

第二部の日本酒になると魚が主役となり、世界が変わる。

この和えものは、そのどちらにも合い、買ってきたものを出すだけではない、家庭の手作りがうれしい。

和えもの

自家製ナムル

韓国の味が夏のビールにぴたり。辛さはお好みで。

材料（作りやすい分量）

・牛豚合いびき肉…100g
・ほうれん草・にんじん・豆もやし
…各適量
・焼肉のたれ…ひと回し
・Ⓐ　おろしにんにく…少々
　　醤油…小さじ2
　　顆粒鶏ガラスープの素…小さじ1
　　ごま油…小さじ2

作り方

①ほうれん草は熱湯で1分ほどゆで、食べやすい長さに切る。
②にんじんは5cm長さの千切りにし、熱湯で軽くゆでる。豆もやしも軽くゆでる。
③それぞれを、合わせたⒶのたれで和えたら器に盛る（お好みで塩少々を振る）。
④フライパンにサラダ油少々（分量外）を熱してひき肉を炒め、焼肉のたれで味をつけたら器に盛って完成。混ぜて食べてもおいしい。

自家製ナムル

色どりきれいなナムルは、しっかり混ぜ合わせ一体にして食べるとおいしく、ごま油の香りがビールに合う。妻は韓国料理が大好きで、よく新大久保に行っているらしく、自分用にはコチュジャンをいっぱい入れるそうだ。

私の妹は韓流《はんりゅう》ドラマにはまり、妻と二人で韓国旅行に行くと決め、私はカバン持ちでついて行かされた。店情報はしっかりあったらしくあちこち回り、最後の市場でのタッカンマリはとてもおいしかった。居酒屋では地酒マッコリをヤカンで飲んでいて驚いた。隣の国は文化的に親しめ、良い旅だった。

戦前、私の両親は京城《けいじょう》に住んでいた時期があり、戦後引き揚げると、憶えてきた漬物「キムチ」を、リンゴやイカを入れるなど信州流に工夫、わが家独自の「朝鮮漬」を毎年漬けた。

これぞ最大の母の味。暮れに帰省すると、まさにこれさえあれば何もいらなく、東京にたくさん持ち帰った。その味は妹が引き継ぎ、毎年初冬、漬ける手伝いに行く。

ナムルで飲むとこれを思い出す。

大根とホタテ缶のサラダ

さらっと作れてオツな味。缶詰利用のお手本。

材料（2～3人分）

・ホタテ缶…小1缶
・大根…5㎝
・マヨネーズ…適量

作り方

①大根は細切りにする。
②大根とほぐしたホタテ缶を合わせ、マヨネーズで和えたら完成。お好みで小口切りにした青ねぎを添える。少し時間が経つと、大根がしんなりして食べやすい。

大根とホタテ缶のサラダ

初めていただいた時、へえ、こういう取り合わせがあるんだと感心した。

ホタテのねっとりと、大根のしゃきしゃきが口を満足させ、ねぎの青い辛味がホタテの甘さを引き立てる「オツな味」。和えものは取り合わせの妙だと気づき、缶詰を使うのも家庭の知恵とも。これあたりから次第にマヨネーズと日本酒は合うと思うようになった。日本酒の許容範囲は広い。

開けるだけで食べられる缶詰は酒つまみに便利だ。京都・丹後「天の橋立オイルサーディン」は、わざわざ取り寄せる価値のあるうまさ。K&Kの「缶つま」シリーズは、鮭ハラス、牛すじ煮込み、豚ハラミ焼、焼かきなど数十種もの調理済みつまみ缶で、これを買っておけば手間いらず。鯖缶は今や料理研究家のアイドルといえるほどだ。

しかし缶から出しただけではいささかわびしい。アウトドア派の私は、オイルサーディンの平缶を開け、蓋を残したまま火にかけて野趣《やしゅ》を楽しむ。これにはウイスキー。

中華春雨サラダ

おだやか中華の安心できる温和さ。平明な気持ちになれます。

材料（2～3人分）
・春雨…50g
・ハム…2枚
・きゅうり…1/2本
・卵…1個
・Ⓐ　醤油…大さじ2
　　酢…大さじ3
　　砂糖…少々
　　顆粒コンソメスープの素…少々
　　ごま油…大さじ1

作り方
①春雨は表示どおりにゆで、食べやすい長さに切る。
②ハムは1cm幅に切り、きゅうりは食べやすい長さの細切りにする。
③卵は溶いてサラダ油少々（分量外）を熱したフライパンで薄く焼き、少し太めの千切りにして錦糸卵を作る。
④春雨、ハム、きゅうり、錦糸卵を合わせ、Ⓐで和えたら完成。

中華春雨サラダ

中華登場。一見さりげないが手はかかっている。このあたりになると、もう本格調理仕事で妻に感謝。

酒のつまみとしての良さは全体の「温和さ」にあり、刺激的なピリ辛や、劇的な珍味とはちがうおだやかな気持ちになれる。中華＝濃い味、ではなく、いつも薄めに仕上げているのも要因か。薄焼き玉子で味をふくらませているのが豊かさ。急ぐ時は油揚げでもいいかも知れない。

ベースに春雨があるから、応用もいろいろできそうだ。

麺とはちがう春雨は、名のとおりあっさりした風情が持ち味で、味の濃いものの組み合わせを濡らして中和させる時に便利だ。ボリュームを増やしても低カロリーは、ダイエット派に好まれるとか。

うどん、そうめん、そばなど麺類は大好物だが、同じ長ものでも春雨やビーフンは、それだけでは食べない司会者的役割と言おうか。よって使い方が楽しめるのだろう。

春雨じゃ、濡れていこう。

魚

アジのたたき

叩いて味を引き出し、薬味で風味を加える。これぞ日本酒の肴。

材料（2人分）

・アジ（刺身用）…100g
・青ねぎ…少々
・みょうが…少々
・おろししょうが…適量
・醤油…適量

作り方

①アジは5mm幅に切る。青ねぎは小口切りにする。みょうがは刻む。
②アジ、青ねぎ、みょうがを包丁で叩きながら軽く混ぜ合わせ、器に盛る。
③しょうがを添え、醤油をつけていただく。

アジのたたき

日本の魚の基本はアジとイワシ。いつでもどこでも獲れて値段も安く、生でも、焼いても、煮ても、干しても、揚げても、自由自在だ。

では「たたき」でいこう。アジの刺身を、ねぎやみょうがなどの薬味と一緒に、包丁で切るのではなく「叩いて」細かくするので「たたき」と言う。その効果は魚の旨みが出ることと、薬味による風味、香りづけだ。叩きすぎてねっとりしないうちに止め、食べる時の醤油がからむ余地を残す。

切ってある刺身よりも、食べる時にかたまりのサクを刺身に引く方がおいしいが、それと同じことをするわけだ。したがって、魚屋で買った一尾をその場でおろして叩いてもらうのがベストだが、薬味はない。だから家でやる。

うまいですね。これにすると切っただけの刺身はつまらなく感じ、酒の味わいも深くなる。もちろん居酒屋でも花形だが、カアちゃんが作ってくれるところが家飲みの良さ。必ず「うまい！」と声を上げよう。

私は思いきって薬味多し、が好き。

アジのなめろう

なめろうフリークの私は全国を食べ歩いた。そして家では。

材料（2～3人分）

・アジ（刺身用）…1パック
・みょうが…1本
・大葉…5枚
・おろししょうが…少々
・味噌…小さじ1弱

作り方

①アジは細切りに、みょうがと大葉は千切りにする。
②アジ、みょうが、大葉、しょうが、味噌を、包丁で叩きながら混ぜ合わせる。
③器に盛り、お好みで白炒りごまを振り、柚子の皮の千切りを添えたら完成。

アジのなめろう

「なめろう」は私の大、大好物。もとは千葉房総《ぼうそう》の漁師が白飯のおかずとして船の上で作るもの。味つけは味噌。醤油は揺れる船でこぼれるから使わない。獲れた魚を大葉やねぎ、しょうがなどの薬味と味噌で包丁で叩く。

それを焼いたのが〈さんが焼き〉でこれまたいける。千葉御宿《おんじゅく》の「舟勝《ふなかつ》」で知った〈酢なめろう〉は、しばらく氷水と酢に浸けて外は白く身は赤く、叩き込んだ青唐辛子で額にじわりと汗が吹き、夏に最高だった。魚はなんでも使い、トビウオ、イサキあたりはたいへんうまい。

なめろう好きの私は、日本四大なめろうを決定した。キングは新潟長岡「魚仙《うおせん》」のブリのなめろうで薬味ににんにくを使い、味は濃厚。クイーンは鳥取「ゆきち屋」のアゴ（トビウオの小さいの）でさわやかに上品。ジャックは小田原「居酒屋金時《きんとき》」のアジでこれぞ完成典型。エースは伊豆下田「後宴《ごえん》酒場」の金目鯛で、その味は華やか。

このなめろうを家でやってもらう。わが家の特徴は白ごまで、香りよいです。

魚

カツオのたたき

これぞ酒の肴の王者。わが家は「四万十《しまんと》風」です。

材料（作りやすい分量）

- カツオ（サク）…300g
- 玉ねぎ…1/3個
- にんにく…2～3片
- ポン酢…適量

作り方

①カツオは少し厚め（1cm程度）に切り、器に盛る。
②にんにくは薄切りにし、カツオの上にのせる。
③玉ねぎも薄くスライスしてのせ、ポン酢でいただく。

玉ねぎスライスをかぶせた状態。これでしばらく置いて香りを移す。

カツオのたたき

私の最高の肴は〈カツオのたたき〉。神髄《しんずい》を知ったのはおよそ三十年前、連載「ニッポン居酒屋放浪記」で初めて訪ねた本場高知だ。

カツオのサクの皮側を藁火《わらび》で焙《あぶ》って煙の燻香《くんこう》をつけ、厚く切ってにんにくスライスを貼りつける。その時薬味たれでぴたぴた叩くので「たたき」と言うと知った。そこに玉ねぎスライスを山のように乗せるのが「一匹万十風」。私はこれにはまった。

わが家の方法は、まず新鮮なカツオ選び。生の赤身部分の色の濃さでわかる。家で藁火焙りはできないので、サクに金串を刺してガス火で表面を焙り、刺身に切る。にんにくを貼ったら少し寝かして香りをカツオに移し、四万十風に玉ねぎスライスをたっぷり乗せる（前ページの写真は玉ねぎをかぶせる前）。食べる時にポン酢をかけ回す。

これが出ればごちそうナンバーワン。一切れずつ玉ねぎを乗せ、がぶり。そして酒をぐい。そしてまた……。良いカツオが見つかるよう、いつも魚屋を見張ってもらってます。

魚

マグロの漬《づ》け

家飲み定番中の定番。一年中食べてますが飽きない。ご飯に乗せればマグロ丼。

材料（作りやすい分量）

・マグロの赤身（サク）…適量
・もみ海苔…適量
・醤油…適量
・わさび…少々

作り方

①マグロを１㎝幅のそぎ切りにする。
②ボウルにマグロと、浸る程度の醤油（お好みで柚子胡椒を加えても美味）を入れ、30分ほど浸ける。
③上下をひっくり返してさらに30分ほど浸ける。
④器に盛り、もみ海苔をかける。わさびをつけていただく。

マグロの漬け

順序を正確に書くと、夜帰って来て、マグロの赤身を、柚子胡椒を濃いめに溶いた醤油に浸ける。風呂から上がったころには真っ赤だったマグロは醤油で色濃くなっており、大葉を敷いた皿に盛ってもみ海苔をかける。刺身とはちがう重量感は、日本酒の燗《かん》にぴったりだ。ビールには生ぐさすぎる。

うまいですなあ、これは。寿司でもマグロは定番中の定番だが、関西であまり見ないのは、関東はマグロやカツオの赤身を好むが、関西はタイやヒラメの白身を好み、マグロの刺身は、まだ身があまり赤くならない幼いマグロ〈ヨコワ〉だ。ヅケのような野蛮《やばん》なことはしない。

酢飯と海苔で巻く〈鉄火巻〉もあまり関西では見ない。要するにマグロは関東のもので、丼に乗せてわしわしと食べるのも、せっかちで面倒なことは嫌う「鉄火肌」ゆえ。関西はもっと上品です。

マグロは本マグロなら脂が乗って濃厚においしいが値段は高く、メバチマグロやキハダマグロはお手ごろ。

魚

鯛の昆布〆《じめ》

家飲み肴の貴族。時間も手間もかかるが、その価値あり。

材料（2人分）

- 鯛（刺身用）…12切れ
- 板昆布…4枚
- 醤油…適量

作り方

①板昆布1枚に鯛を6切れずつ並べ、板昆布1枚をのせて蓋をする。
②ラップできっちりくるみ、バットに置き、その上にバットを乗せてはさむ。バットごと輪ゴムで留め、軽く押す。
③2～3日冷蔵庫に置いたら完成。醤油でいただく。

鯛の昆布〆

魚屋で良い鯛の刺身を見つけたら、大きな板昆布にはさみ冷蔵庫保管。三、四日めあたりから、水気が抜けて、次第に身は透明になり、昆布味が日々濃くなってゆく。刺身が昆布に密着しているのが肝心で、妻は大小のアルミバットではさんで押さえつけ、きつい輪ゴムで留めている。他の白身魚でもよい。

重要は昆布。懇意《こんい》にしている旭川「独酌《どくしゃく》三四郎《さんしろう》」の女将が送ってくれる最上の利尻《りしり》昆布を、惜しげもなく大きく広く使う。

惜しげもなく使っているのは妻であって、私は惜しくてたまらず、終えた昆布をフライパンでカラカラに焼いてつまむ。そのうまさ。

北海道昆布を北前船で関西に運ぶ途中の寄港地・富山は昆布〆王国で、各種魚のみならず、ホタルイカやアスパラなど野菜までなんでも昆布で〆るが、その昆布はまた使うのがお約束。富山の名居酒屋「米清《こめせい》あら川」は、むしろこちらを大切に焙ってくれた。

昆布の旨みがしみてねっとりした家飲み肴の貴族。三四郎の女将と妻に感謝だ。

魚

鯛のカルパッチョ

刺身をイタリアンで。ワインがベスト。日本酒にも合います。

材料（2～3人分）

・鯛（刺身用）…1パック
・ミニトマト…2～3個
・イタリアンパセリ…適量
・Ⓐ　レモン汁…大さじ1/2～お好みで
　　塩…少々
　　ブラックペッパー…少々
　　オリーブオイル…大さじ1

作り方

①ミニトマトは半分に切る。
②皿に鯛（薄切りになっていなければ薄切りに）、ミニトマト、ちぎったイタリアンパセリを盛り、合わせたⒶを回しかけたら完成。

鯛のカルパッチョ

出てきた華やかな洋皿に「これは何?」と聞いたら「カルパッチョ」と。私は知らないイタリア料理だ。なるほどトマトやパセリは日本料理には使わないし、また欧米でも生魚は食べるんだな。ならばとワインを開けてみたらよく合う。私は刺身はワインに合わないと思っていたが、醤油がワインに合わないのだった。日本酒も合う。いや、かえって面白い。

かくして時々登場となった。フレンチレストランはよく知らず、イタリアンもパスタかピザくらい。でもこういう西洋料理をうまく家飲みに導入してくれるのは大歓迎だ。こしょうとオリーブオイルがポイントだな。

四方を海に囲まれた日本は魚王国で、食べ方は新鮮な刺身から始まって、様々に工夫される。家飲みも、買ってきて皿に盛るだけの刺身はラクだが、それだけではつまらないとするのが楽しみどころ。食べ方はいろいろあり、鯛でもマグロでもイワシでも千変万化《せんぺんばんか》する。

その点、肉はあまりバリエーションがなく、酒の肴には難しいが、いずれ紹介します。

イカの塩辛

イカの塩辛は手製する。手製だからこそ味が気になり、酒もうまくなる。

材料（作りやすい分量）
・ヤリイカ（スルメイカでも可）…1杯
・赤唐辛子（輪切り）…少々
・粗塩…小さじ1/2
・酒…大さじ2

作り方
①ヤリイカは内臓と皮を取り除き、3㎜幅に切る（スルメイカなら、もっと細く切る）。
②赤唐辛子、粗塩、酒を合わせ、ヤリイカを和えたら、ひと晩からふた晩冷蔵庫で寝かせる。
③器に盛り、あれば柚子の皮の千切りを添える（レモンの皮を極細に切って添えても）。

イカの塩辛

イカの塩辛こそ酒飲み最大の友。やれ塩加減だ、ワタだ、寝かせだと議論百出《ぎろんひゃくしゅつ》。居酒屋に〈自家製イカ塩辛〉とあれば必ず注文し、お手並みを拝見する。

晩酌にはこれを手製する。まずイカの鮮度が第一。白くなったものはダメで赤茶の皮がみずみずしく透明なほどいい。函館や福岡の、泳いでいるイカをスイスイ捌《さば》く活き造りを見ていると、死んで店売りしているものなどイカではない、と言いたいがそうもイカない（しゃれ）。

それをよく水を拭いて細く切り、塩、酒、鷹の爪（赤唐辛子）で和え、冷蔵庫で寝かす。ワタは使わない。その日からも、一週間後もおいしい。肝心は一日に何度もよくかき回すことだ。

これは母が作っていたものだ。九州長崎出身の母は嫁ぎ先の山国長野には生魚が何もないと嘆いていたが、魚を見る目はあり、たまに良いイカがあるとこうして父に出していた。

ワタを使わない塩だけは、イカの味がそのまま甘味も強調される。私は醤油ちょいで風味をつける。この塩辛は母の味なのだ。

ひなチーズ

家飲み最後に、海苔の香りでしずしず登場。自分で巻いて姿よく。

材料（作りやすい分量）

・6Pチーズ…適量
・焼き海苔…適量

作り方

①チーズのサイズに合わせ、長方形に切った海苔を、ひな人形の形になるように巻いたら完成。

ひなチーズ

家飲みもいろいろいただき、酒も進んだ終わりころ、もう少し何かつまみたいなという時はチーズの出番だ。

雪印6Pチーズは常にあり、その扇形を海苔で巻くと、このおひなさまができる。ある夜、残った海苔をチーズに巻いてみるとできた。私の誕生日は三月三日、ひな祭りの日で、以降自分だけの名物に定着。とんがり頭と下のカーブが可愛いでしょ。

問題は海苔で、海苔だけは贅沢に、真っ黒で厚い最上品を常備したい。味も香りも断然ちがい、それだけで最上の肴になる。日本橋「室町砂場」や「神田まつや」「かんだやぶそば」、浅草「並木藪蕎麦」など老舗《しにせ》名代《なだい》そば屋には、そば前酒用に必ず「焼海苔」がある。佐賀県有明海産がベストで、私は「藝州《げいしゅう》　三國屋」の焼寿司海苔を愛用するが、最近不漁続きで心配だ。

湿気防止の密封袋から一枚抜き出し、はさみで八つに切り、醤油は「縦」につけるのがコツ。一枚終えると手をぱんぱんとはたくが、必ず妻に「下に落とさないで」と叱られる。

チーズの味噌漬け

フィニッシュつまみの逸品。食べごろを見極めるのも楽しみ。

材料（作りやすい分量）

・6Ｐチーズ…適量
・味噌…適量

作り方

①密閉保存容器に味噌を5cmほどの厚みになるように敷き詰め、チーズを埋め込む。
②味噌をさらに重ね入れ、1～2日間ほど漬けたら完成。いただく時は、味噌を取り除いて。

チーズの味噌漬け

ある晩酌の夜、雪印6Pチーズをかじりながらふと、これを味噌漬けしたらどうだろうと思いつき、タッパーの味噌に入れ、数日後食べてみるとなかなかの珍味。以降定番に。

三日めくらいから味噌の風味がしみてきて、それから数日楽しめるが、あまり過ぎると水分が抜けて硬く、しょっぱくなる。このくらいかなと一人うなずくのが、深夜の楽しみ。

食べる時は味噌をきれいに拭き取って裸にす

ると、味噌ということを忘れた品になり、わずかに黄金色がついて逸品感が強まる。

大好物のチーズは日本酒によく合う。スーパー「ナショナル麻布」は、一コーナーすべてナチュラルチーズが並び、よくわからないままに試し買いが楽しく、ゴーダ、カマンベールは定番。最近の気に入りはグリュイエール。たまに青カビのブルーチーズ。

かたまりのを波形ピアノ線のチーズカッターで、薄く切ったり厚く切ったり。その時の俎板《まないた》は、洗って天日干ししておいた、小田原「鈴《すず》廣《ひろ》」のかまぼこ板だ。

玉子の味噌漬け

味噌漬けの王者はこれ。毎日変わりゆく色艶よ、味よ。

材料（作りやすい分量）
- 卵黄…6個分
- 味噌…適量

作り方
①密閉保存容器に味噌を5㎝ほどの厚みになるように敷き詰め、ガーゼを敷いてくぼみをつける。
②くぼみ部分に卵黄をのせ、3日間ほど置いたら完成。

タッパーに6個ほどが手ごろ。
黄身を落とす時は、充分注意して。

玉子の味噌漬け

大きめのタッパーに厚く味噌を敷いてガーゼをかぶせ、くぼみ穴をいくつか作り、黄身を落とす。この時注意しないと黄身が破れてしまうので細心の注意が必要。こんもりしっかりする高級卵を使うとよい。ガーゼを敷くのは、味噌が直接卵黄に触れず美しく残り、取り出しやすいため。

こうして冷蔵庫に入れ、三日めくらいに開けると、透明オレンジに変わった姿はまことに美しく、あたかも、まさに卵が、うるわしき姫に変身したごとし。初めて作る人は思わず嘆声《たんせい》をあげるだろう。

その一つをそっと取り出す。水分を抜かれ濃縮された卵黄のコクに、かすかな味噌の風味がただよい、そのうまさは絶佳《ぜっか》としか言えない。日を追って色は刻々と変わり、四日め、五日めあたりがまさに爛熟《らんじゅく》（卵熟）か。

これを教えた人は「貧乏人のウニ」と言っていたが、それ以上だ。以前、下北沢の居酒屋で見つけ、はたしておいしかったが二五〇円もした。でも手間を知る私は納得。

ねぎ玉子焼き

これぞ家庭晩酌の味。いろんな具で楽しめます。

材料（1人分）

・卵…2個
・長ねぎ（青い部分）…5～7㎝
・塩…少々

作り方

①ボウルに卵と小口切りにした長ねぎ、塩を入れて混ぜ合わせる。
②フライパンにサラダ油少々（分量外）を熱し、卵液を1/3量流し入れ、出汁巻き玉子を作る要領で焼く。
③残りの卵液を2回に分けて流し入れ、出汁巻き玉子を焼く要領で焼き上げたら完成。

ねぎ玉子焼き

玉子焼きは子供も大人も、誰もが好き。これで飲む一杯は、まさに家庭の幸せ。そういえば居酒屋にはないな。

玉子焼きでも〈出汁巻き〉はプロの見せどころで、特に関西ではその腕を問われる基本中の基本とか。居酒屋出汁巻きの最高峰は京都の「食堂おがわ」で、誰かが注文すると「オレも」「私も」と次々に手が挙がる。

家なら玉子焼き。それだけでもいいが、何か入れると、弁当のおかずだけではない、晩酌の料理になる。ねぎ入りは風味と香りと色どりがいい。大葉はさわやか。青海苔を混ぜ込むと海の香り。刻みにんにくはコクが出る。

私も仕事場の昼自炊で時々やるが、これが案外に難しく、フライパンの熱し加減、卵液の溶き入れ時、焼く時間と止めるタイミングなどいつも満足ゆかず、だいたい焼きすぎてしまう。余熱を計算できないのだな。

あれ入れろ、これはいい、などと知ったかぶりするけれど、基本がない。したがって家で満足しています。

日光揚げ焼き

酒飲みは焼油揚げが大好き。たっぷりの刻みねぎでつまもう。

材料（2人分）

・油揚げ（市販「日光揚げ」を使用）…1枚
・長ねぎ…適量
・醤油…適量

作り方

①フライパンをサラダ油を入れずに熱し、油揚げを焼く。
②こんがり焼き目がついたら、8等分に切る。
③器に盛り、長ねぎのみじん切りを添え、醤油をつけていただく（大根おろしを添えても）。

日光揚げ焼き

焼油揚げこそ、居酒屋の渋い肴の代表。お通し、和えもの、刺身と進んだ酒も三本め。そろそろ焦げ風味がほしい時、焼魚もいいが、そうだ焼油揚げがある、と手を挙げる。焼油揚げがある居酒屋は良い店だ。

焼くだけだから良質の油揚げが基本。油揚げ好きの私は全国を食べ歩き（オホン）、最高峰は京都と知った。昔、下北沢の居酒屋「両花《りょうはな》」でいつもおいしいので尋ねると「京都から取り寄せてます」。その特徴は「薄揚げ」。栃尾《とちお》の厚いのは口の中でもごもごして私は苦手。

京都はそれこそ「店の数だけ」味があり、先《ぽん》斗《と》町《ちょう》の「酒亭ばんから」は北野天満宮前の「とようけ屋」。丸太町の立ち飲み「井倉木材《いくらもくざい》」は「森嘉《もりか》」。私の故郷松本も油揚げは質が高く、市内清水の「田内屋商事」でいつも買って帰る。

『75歳、油揚がある』という本まで書いた私が東京で見つけたのが五枚百円の「日光揚げ」だ。焼いても煮ても京都に匹敵する。調べたら昔から日光は油揚げが盛んなのだそうだ。

おいしい油揚げがスーパーで買える幸せよ。

ちくわチーズ焼き　青海苔かけ

ちくわにチーズがお手柄。青海苔は必需品です。

材料（１人分）

・ちくわ…１本
・とろけるチーズ…適量
・青海苔…適量

作り方

①ちくわは縦半分に切る。
②とろけるチーズをのせ、オーブントースターで焼き目がつくまで焼く。
③器に盛り、青海苔をかけたら完成。

ちくわチーズ焼き
青海苔かけ

竹輪＝ちくわはいい奴だが、はたしてそれだけでうまいか。豊橋のはおいしかったが。

そこを工夫してくれたのがこれ。へえと思ったがおいしく、以降時々出てきて、おお、お前かとなる。技は「とろけるチーズ」。油揚げにもかまぼこにも合わないが、ちくわにはいい。

居酒屋の人気メニュー「ちくわの磯辺揚げ」は、わが家でも時々作ってくれるが、チーズ焼きはコクがある。

家飲みの楽しみの一つは、料理と皿の取り合わせ。この写真なんかいいでしょう。ポイントは料理の色を引き立てること、つまり反対色にする。日本料理の皿に紺地が多いのは、青い色の料理はあまりないからだ。デザイナーのつくる食器は、モダンデザインというのか白無地ばかりで殺風景きわまりなく、料理を引き立てるということを全くわかっていない。

絵柄が料理を引き立てて物語を生み、食べ終えて全景が見える楽しさ。形は深くない横長皿が、四角でも菱形《ひしがた》でも楕円《だえん》でもおさまりよい。丸皿は場所をとって案外使いにくいです。

ブロッコリーのチーズ焼き

こういうもので一杯もいい。居酒屋にはないなあ。

材料（1人分）
- ブロッコリー…3房
- とろけるチーズ…適量
- 粉チーズ…少々
- バター…少々

作り方
①ブロッコリーは熱湯でゆでる。
②耐熱皿にバターを塗り、ブロッコリーを入れる。
③とろけるチーズと粉チーズをかけ、オーブントースターで焼く。焦げ目がついたら完成。

ブロッコリーのチーズ焼き

ブロッコリーはなじみのない野菜だったが、これで知り、おいしいものと思うようになった。味の幅が広がったのだ。

家飲みつまみの良さは、和風でも洋風でも中華でもエスニックでも自由自在なこと。最近は無国籍居酒屋もあるようだが、外ではプロの仕事を味わいたいので専門店がよく、なんでもありはかえって行かない。

逆に、定評ある名居酒屋は、何十年も品書きは不変（東京「鍵屋《かぎや》」は戦前から同じ）。たまに新しい試みを出しても、あまり注文されないのでいつの間にか消えてゆく。

若い人はそうでもないだろうが、中年以降の居酒屋好きは保守的で、むしろ昔から変わらないものを求めて通う。ここ行ったらあれがある、それを楽しみに。そして居心地が大切で、予算をかけて店内を最新に改装したりすると、ぱったり常連が来なくなるのもその例だ。

しかし我々は、自分の住む家はどんどん手を入れ便利に居心地よくする。食べるものも同じ。これが家飲みの良いところ。

グラタン

焦げたチーズからあれこれ出てくる楽しさ。グラタン好きになりました。

材料（1人分）

- むきエビ…5～6尾
- ベーコン…1/2枚
- ブロッコリー…3房
- ほうれん草…少々
- 小麦粉…20g
- 牛乳…20cc
- バター…20g
- とろけるチーズ…適量
- 粉チーズ…適量
- 塩・こしょう…各少々

作り方

①ベーコンは短冊切りにする。ブロッコリーとほうれん草は熱湯でさっとゆでる。
②フライパンにバターを温め、むきエビ、ベーコン、ブロッコリーを炒め、火が通ったら小麦粉を振り入れてなじませる。
③牛乳を加えて混ぜ、とろみがついたら、食べやすい長さに切ったほうれん草を加え、塩、こしょうで味を調える。
④ココット皿にバター少々を薄く塗り、③を入れ、とろけるチーズと粉チーズをかける。
⑤オーブントースターで焼き、焦げ目がついたら完成。

グラタン

あまりなじみのなかった〈グラタン〉が家飲みに出てきて、そのうまさにしばらくビールを忘れてしまった。

焦げたチーズのぷんとした香り、小匙《こさじ》で探ると、お、ベーコン。緑色はブロッコリーか。おお、むきエビもある。小さなお碗から次々にいろんな具が出てきて、これは楽しい。ふと気づいてビールをクイー。すぐさままた小匙を。

居酒屋はもちろん、外食は注文したものが出てくるが、家飲みは何が出るかわからないところがいい。それが初めてのものだったらなおのこと。そうして定番になってゆく。居酒屋は注文選びが楽しみなので「おまかせ」は嫌いだが、家ではこれがいい。

しかし家で作る方は大変だろうなあ。昨日と同じにはゆかないし、どうやら好みもあるし、味にはうるさいし、今日は疲れてめんどくさいし。たまには外食してよ。

ほんとにどうもすみません。案が尽きたから食べたいものをメールしてと言われ、あれこれ考えるのでした。

牛肉バター焼き

肉の肴も家飲みの良さ。シンプルイズベスト。

材料（作りやすい分量）
・牛肉（焼肉用）…5～6枚
・にんにく…1片
・バター…少々
・醤油…少々

作り方
①フライパンにサラダ油適量（分量外）とスライスしたにんにくを入れて火にかけ、揚げ焼きにして取り出す。
②フライパンの油を拭き取ったら、バターを加えて弱火にかけ、牛肉の両面を焼く。
③牛肉に火が通ったら、醤油をひとたらし回しかけ、味をなじませたら完成。

牛肉バター焼き

おお、ずばり牛肉焼きか。これは居酒屋にはないな、いや単純すぎてレストランにもないか。フライパンで焼いただけ。肉なんてこれでいい。かぷり。うまい、うまい。忘れていたこのシンプルさ。いいじゃないか、いいよ。ビールがうまい！

てなわけでぺろり。量はないが、相当上等な牛肉だな。薄切りは食べやすく、酒の合間にいい。単純なものほど難しいというが、焼き加減に緊張するだろう。ごちそうさん、ああうまかった。こんどは大根おろしにするか。

肉をがっちり食べたくなり、最近増えてきたステーキのチェーン店に入ってみた。老齢ゆえグラム数は少なくし、上等ランクにしたが、肉は硬く味もいまいち。やはりステーキは一流店でないとダメだと思った。では焼肉屋だが、いい歳をしてひっくり返し焼くのも、もう面倒。

それが家でできた。あまり量はいらない。値段は高くても上等を上手に焼いて、さっと食べ終える。これも酒の肴の一つ、それでいい。

牛肉代、払います。

ラムチョップ

手にとってかじる独特の味。もちろんビール。

材料（二個分）
・ラム肉…120g
・塩…少々
・ブラックペッパー…少々

作り方
①ラム肉の両面に、塩とブラックペッパーを振る。
②フライパンにサラダ油少々（分量外）を熱し、ラム肉の両面を焼く。
③器に盛り、お好みでクレソンを添える。

ラムチョップ

羊肉は大好きだ。焼いたラムチョップの骨を、手でわしづかみしてかじるのも野趣があっていい。ビールには最高。

大昔、北海道に行き始めたころ、北海道で誰もが知るチェーン店「松尾ジンギスカン」に入り、独特の鉄かぶと型の鍋で脂を落としながら焼く、羊肉のうまさを知った。日本で一番ビールがうまいのは北海道で、相性がいいわけだ。札幌「サッポロビール園」のジンギスカンもさらにすばらしかった。

私の故郷長野県の信州新町《しんしゅうしんまち》もジンギスカンの町として有名で、長野在住の甥《おい》に連れられ「ここがオススメ」と入った店は値段も安く、おいしく、帰りに買った「味付けラム肉」は、肉ではラムが一番好きという妻に喜ばれた。ジンギスカン焼きは家ではあまりできないが、これなら簡単だ。

このうまい羊肉が東京であまり普及しないのが不思議だが、骨付きラムチョップを売る店を見つけてくれ、家飲みで楽しめるようになった。もちろんビールです。

牡蠣の昆布焼き

牡蠣の食べ方のベスト。終えた昆布が大切。

材料（二人分）

・生牡蠣…3個
・板昆布…1枚

作り方

①フライパンに板昆布をのせ、殻を外した生牡蠣3個を並べて弱〜中火で焼く。
②牡蠣に火が通ってふっくらしたら完成。

牡蠣の昆布焼き

冬場の牡蠣はもちろん大好物。生でも鍋でもフライでもと幅広いが、最もおいしい食べ方は〈昆布焼き〉と思う。

知ったのは富山の居酒屋「米清あら川」。水気が抜けて温まった生牡蠣に昆布の味がしみ、これぞベストと思った。

これを真似してみた。昆布を酒で拭いて牡蠣を乗せる。弱熱で十分から十五分と時間をかけ、昆布の味をしみ込ます。はふはふするのを口に。

そしてぐっとやる燗酒の味よ。

「米清あら川」では、さらにその昆布のパリッとした素揚げがすばらしく、いろいろ試したが、牡蠣でないと昆布が厚くふくらまないそうだ。さすが昆布〆王国、真の狙いは昆布の方だったか。

これも真似。終えた昆布をフライパンに乗せ、パリパリになるまで焼き、指で割って口に。うまいですぞこれは。そしてぐっとやる燗酒の味よ。うちの昆布は利尻産だから上等だ。

ところが妻は終わった昆布に未練がないらしく捨てていたそうだ。ダメだよう。

新玉ねぎの玉子とじ

いつもあるものでできるのが、家飲みのつまみ。これもまた。

材料（作りやすい分量）

・新玉ねぎ…1/2個
・卵…1個
・塩…少々

作り方

①玉ねぎはくし形切りにする。
②ボウルに卵と塩を入れて溶きほぐす。
③フライパンにサラダ油少々（分量外）を熱し、玉ねぎを炒める。
④玉ねぎが透き通ってきたら、②の卵液を回しかけ、軽く混ぜたら完成。

新玉ねぎの玉子とじ

玉ねぎは常備野菜。それを玉子でとじる。家にいつもあるものでさっとできるのが家飲みつまみ。ビールでも酒でもなんでも来いだ。

居酒屋の隠れた人気は、品書きの最後にひっそりとある〈オニオンスライス〉、通称〈オニスラ〉だ。薄くスライスしたのを水にさらし、削り節をかけて醤油を回すだけ。男は玉ねぎが好きなのだ。香りよくあまり辛くない新玉ねぎは水さらしがいらない。

私も仕事場の自炊で、もう一品何かほしい時にオニスラを作るが、薄く切れないのが難点。青野菜サラダにも入れてツンとした香りをつける。ドレッシングはマヨネーズとオリーブオイル。薄切り刻みハムを混ぜると色どりもよく、食べ出がある。

フライパンで茶色になるまでよく炒め、ツナ缶と混ぜてパスタソースにするのはよくやる。これも酒の肴になるだろうが、ちょっと時間がかかりすぎる。

地味だが、じっと期待に応える玉ねぎはいい奴。玉ねぎのような男になりたい。

炒めもの

ごちそうきんぴら

きんぴらは母の味。ごぼう好きにはたまりません。

材料（作りやすい分量）

・牛豚合いびき肉…50g
・ごぼう…1/2本
・にんじん…1/2本
・赤唐辛子（輪切り）…少々
・白炒りごま…適量
・Ⓐ　醤油…大さじ1
　　酒…大さじ1
　　みりん…大さじ1
　　砂糖…小さじ1
　　顆粒和風だしの素…少々

作り方

①ごぼうとにんじんは3～4cm長さの細切りにする。
②フライパンにサラダ油少々（分量外）を熱し、ごぼうとにんじんを炒める。
③火が通ったら、ひき肉と赤唐辛子を加え、さらに炒める。
④合わせたⒶを加え、全体を合わせながら炒める。
⑤器に盛り、白ごまを振ったら完成。

ごちそうきんぴら

ごぼうとにんじんのきんぴらもまた男は好きですな。じゃっと炒めていい香り。こればかりは母の手作りがいい。「お母ちゃーん」。男は母の味に弱い。

これに「ごちそう」とつけたのはひき肉が入るから。妻はごま好きで仕上げにぱらり。

根菜を役者に例えれば、白い大根は正統二枚目。穴のあいたれんこんは少し抜けた人間味もある二枚目半。赤いにんじんは喜劇のできる三枚目。武骨《ぶこつ》で地味なごぼうはその他大勢。ついでに書けば美男二枚目は演技力は必要なく、したがって大根役者でよい。

男は「オレは二枚目は無理だが、ごぼうのような役者ならなれる」と思いたいのではないか。大地の下にじっと耐え、焦げ茶のひげ面はぱっとしないが、その味は黙って何かを支える無口な男のイメージだ。ごぼう好きの説明が長くなりました（笑）。

箸で一本一本つまんで眺めていると、なぜか「お母ちゃーん」になる。涙ぐんで盃を傾ける男がそこにいる（笑）。

雷豆腐

豆腐こそ自在な生涯の友。ひと工夫して酒の肴に。

材料（作りやすい分量）
・木綿豆腐…1丁
・長ねぎ…10㎝
・Ⓐ　醤油…大さじ1/2
　　　酒…大さじ1/2
　　　みりん…大さじ1/2
　　　塩…少々

作り方
①豆腐はザルに入れ、10分ほど置いて軽く水を切る。
②長ねぎは小口切りにする。
③フライパンにごま油適量（分量外）を熱し、豆腐を入れてほぐす。
④合わせたⒶを加えて調味したら、長ねぎを加えて軽く炒めて完成。お好みでカツオ節を添える。

雷豆腐

居酒屋でも家飲みでも、豆腐こそベストの酒の友。そのままで冷奴《ひややっこ》、温めて湯豆腐。こんな便利なものはない。そこを工夫して、つまめる酒の肴にしたのがこれ。豆腐は他の食材を引き立てる名脇役でもあり、こちらの主役はねぎ。どうということもないが、ごま油の香りがおいしい。ユニークな名前は、豆腐を炒める時、ばりばりと雷のような音がするからというが、私は聞いたことがありません。

豆腐は朝の暗いうちから、毎日作る大変な仕事だ。居酒屋はどこも決まった豆腐屋を持ち、その味に頼りながら豆腐屋も続けさせる、互いに支え合う商売だ。

かつてテレビ取材で代々木上原を歩き、その名も「太田屋豆腐店」を見つけて立ち寄り、味見を願うと、快く醤油も出してくれた豆腐のうまかったこと。夜になって居酒屋に入り〈冷奴〉を頼むと同じ味。「おいしいですね」に「太田さんの豆腐です」と胸を張り、うれしかった。

おいしい自家製豆腐屋が近所にある人は幸せだ。感謝しなければ。

コンビーフキャベツ

おいしいコンビーフを知って、それ目的で作りました。

材料（2人分）

- コンビーフ…80g
- キャベツ…2枚
- 塩…少々

作り方

①キャベツはざく切りにする。
②フライパンにサラダ油少々（分量外）を熱し、キャベツを炒める。
③コンビーフをほぐしながら加え、炒め合わせる。
④塩で味を調えたら完成。

腰塚《こしづか》の「手作り極上コンビーフ」。丁寧にほぐされ、とろける食感。

コンビーフキャベツ

いろいろある缶コンビーフはカレーでも炒めものでもパスタソースでも、下味に便利に使っていたが、仕事場に近い白金台の「腰塚コンビーフ」を知って、扱いが一変した。

脂分少なめに調味された味の良さは、白いご飯に乗せてぐんぐん箸が進む。こんなのは初めてで、すぐ知り合いの食味エッセイストに送ると「知ってます」と返事が来た。

その後、評判は知れわたり、展開して有名デパートでも売っているようになったが、私は白金台店のが好きだ。

早速作ってくれたのがこれ。色合いよく、食べやすく、飽きない。おいしいコンビーフであればこその一品。以降、きゅうりとはさんでサンドイッチなど、便利このうえなし。

話は変わるが、これも合わせた皿がいいでしょう。洋風素材が皿だけでしっとりした和風に見えてくる。正面出しもできて、箸に似合う。居酒屋でもこういうセンスを見せてもらいたいが、いややはり、家庭だからいいのかな。

最後は自慢でした。

納豆ひき肉炒め

ひき肉炒めを納豆で引き立て、酒つまみに。

材料（2～3人分）
- 牛豚合いびき肉…100g
- 納豆…1パック
- 醤油…少々

作り方
①フライパンにサラダ油少々（分量外）を熱してひき肉を炒め、火が通ったら納豆を加えて炒める。
②醤油をひとたらし、回しかけてさっと炒めたら完成。
③器に盛り、お好みで小口切りにした青ねぎをのせる。

納豆ひき肉炒め

これも肉のつまみで納豆は補助役。香りにねぎはいつもと同じ。簡単だがひと手間かけるのが家飲みつまみの良いところ。

私の一日は、朝はヨーグルト。昼は仕事場でパスタや麺類の自炊。夕食はとらず、夜九時ころ家に帰ってひと風呂浴び、それから晩酌タイムとなる。妻は高齢の母の夕食を済ませ、その後私が帰ってくるから、夜は二度台所に立つ二度手間だ。どうやら夕飯の残りらしきものもあるが、すべて家庭料理なのは間違いない。

普通は家族の夕飯時に団欒《だんらん》で一杯やって、その後食事とするようだが、私は体のために炭水化物抑制でご飯は抜き。日本酒は米でできているので酒だけにした。

遅い家飲みのもう一つの理由は、いろんなおかずが並ぶ食卓隅で飲むのが好きではないから。風呂上がりの浴衣に着替え、酒を中心に、その肴だけで盆を作り、家族的雰囲気を出さず潔癖《けっぺき》に飲む。一意、酒に専念し、テレビも新聞も見ない。これが文士の酒というものじゃ。

「ちゃんと片づけて寝てよ！」声が飛んだ。

ひき肉春雨炒め

肉のおつまみは少ないが、これは仕上げがみごと。おすすめです。

材料（4人分）

・豚ひき肉…150g
・春雨…100g
・赤唐辛子（輪切り）…少々
・Ⓐ　醤油…大さじ3
　　酒…大さじ1と1/2
　　砂糖…大さじ1/2
　　しょうが汁…少々

作り方

①春雨は表示どおりにゆで、食べやすい長さに切る。
②フライパンにサラダ油少々（分量外）を熱し、ひき肉を炒める。火が通ったら赤唐辛子を加え、さらに春雨を入れて炒める。
③Ⓐを加えて調味したら完成。

ひき肉春雨炒め

〈ひき肉春雨炒め〉になると、春雨は引き立て役で、肉がメインになる。辛く味も濃い炒めひき肉を、薄い衣笠《きぬがさ》のようにほわりとやわらげてくれる春雨はやはりいい役目だ。

酒つまみには味は濃すぎない方がよいが、味噌を加えてより濃い味にした〈肉味噌〉は、たくさん作っておくと重宝。

緑濃いレタスの葉で巻く〈肉味噌レタス巻き〉、ラーメンに乗せると〈担々麺〉、焼きそばと混ぜ合わすと〈ジャージャー麺〉。単純に白ご飯に、茹でそうめんに乗せてもよく、まことに困った時の肉味噌だ。

作り慣れると、炒めるのをごま油にしたり、ラー油を入れたり、白ごまをまぶしたり、山椒など香辛料を工夫したりして、いろいろ自分だけのマイ肉味噌を作るのもいい。

さてこれで一杯。箸ではつまみにくいのを、からむ春雨が助けてくれる。

ビールには最適。日本酒に肉はなかなか合わないが、これも春雨のおかげ。

春雨じゃ、肉でいこう。

ヤリイカと長ねぎのにんにく炒め

イカで知る春。店頭に出始めたらすぐ買います。

材料（2～3人分）
・ヤリイカ（刺身用）…1/2杯
・長ねぎ…5cm
・にんにく…1片
・塩…少々
・酒…少々

作り方
①ヤリイカは食べやすいサイズに切る。
②長ねぎは小口切りに、にんにくは薄切りにする。
③フライパンにサラダ油少々（分量外）とにんにくを入れて火にかけ、にんにくの香りが立ったらヤリイカを加えて炒める。
④長ねぎを加えてさっと炒めたら、塩と酒で味を調えて完成。

ヤリイカと長ねぎのにんにく炒め

イカは年中あるが、春先のヤリイカが一番柔らかくておいしい。刺身でもいただけるのを炒めものにすると、軽い弾力に春の到来を感じ、にんにくが酒つまみにさせる。

酒の肴の楽しみは季節を味わうこと。春はふきのとうや山菜の苦味。夏は力を増した夏野菜や川魚。秋はきのこや里いもなど山の味。冬は温かい煮魚や湯気を上げる鍋。

居酒屋でも、いつもの黒板とは別に「鮎入

荷」「松茸初物」などの貼り紙を見ると、食べたくなくても注文するのが江戸っ子の見栄。「知ってるぞ」と言いたいのだ。

そこまでいかなくても家庭でも取り入れたい。野菜は比較的ラクに季節を表し、谷中しょうが、さやえんどう、空豆、菜の花、枝豆、たけのこなどは、ああこれ出たなあと思う。

ヤリイカは待ち遠しくする魚介の一つで、体長十センチほどの小ヤリイカが出ると即買い、茹でてしょうが醤油で食べるのは年一回の楽しみだ。大好きな泥らっきょうは今年は見逃してしまい残念。生味噌でかじりたかった。

ピーマンじゃこ炒め

取り合わせの妙味《みょうみ》は若さと老練《ろうれん》。はて？

材料（2人分）

・じゃこ…適量
・ピーマン…1個

作り方

①ピーマンは千切りにする。
②フライパンにサラダ油少々（分量外）を熱してピーマンを炒める。
③ピーマンの色が鮮やかになったらじゃこを加え、炒め合わせたら完成。

ピーマンじゃこ炒め

八百屋にピーマンは年中あるが、もちろん旬の夏は肉厚で、そのまま味噌でばりばり、あるいは肉詰めとおいしいが、スーパーにいつもあるのは、この〈じゃこ炒め〉に役立つ。

仕事場の冷蔵庫にも常にあり、昼おかずのレギュラーは〈ピーマン豚肉炒め〉が簡単。いろんな野菜サラダに入れても名仕事をする確実な奴。簡単に新鮮野菜がとれ、緑色が食欲を増す。

昔、喫茶店の名前を頼まれ、憶えやすい「ピーマン」にしたことがあった。

しらすの良さはさんざん書いたが、それを天日干しした〈じゃこ〉もいい。日もちがするのをぽつりぽつりつまむと、どことなく太陽の香りがする。浜松で天日干ししていた元気なお婆さんは「おじゃこさん」と敬称で言っていた。

インタビューで「お好きなものは」と聞かれ「じゃこ」と答えれば、見識ある老練のようでカッコいいのに、私は「うなぎ」と答えてしまい、なんて品のないと反省した。

その老練な支え役を感じる「じゃこ」と、若いピーマンが一緒に仕事した一品。

ナスとオクラの煮浸し

夏の常備品。先祖を思い出すお盆のころに。

材料（作りやすい分量）

- ナス…1本
- オクラ…3本
- Ⓐ　だし汁…200cc
　　醤油…大さじ2
　　みりん…大さじ1
　　砂糖…大さじ1

作り方

①ナスは縦半分に切り、皮目に包丁で格子状に細かく切り目を入れる。
②オクラは熱湯でゆで、斜め半分に切る。
③鍋にⒶとナスを入れて火にかけ、落とし蓋をして8分ほど煮る。
④オクラを加え、さらに1分ほど煮たら完成。

ナスとオクラの煮浸し

そのままもんでも、煮ても、焼いても、揚げても、炒めても、汁でも、漬けてもと、ナスほど便利に重宝する野菜はない。

　種類も形も多種多様。京都の真ん丸の賀茂なす、山形の小さく丸い民田《みんでん》なす。九州熊本のは三十センチもあり、もむと柔らかくおいしい。

夏の盆のころ、新潟の居酒屋に入りおすすめを聞くと即座に「ナス、今ならナス！」と一声。

その十全《じゅうぜん》なすの焼きナスのうまかったこと。

子供のころ信州の田舎では家で作っていて、夏休みの夕方になると母に「切っといで」と、ザルを渡された。ナスは育てやすく紫色の花がきれいだった。お盆になると、艶光りする黒紫の形のよいのに、割箸で四本足をつけて仏壇に飾り手を合わせた。

そんなことを思い出して、夏の晩酌には煮ナス。やはり夏のオクラと合わせて一皿に。できたてよりも少し浸しなじんだころがおいしい。私は仕事場の大きなタッパーでぬか漬けを作っており、きゅうり、カブ、にんじん、みょうがなど。ナスは特に美味。

モロッコいんげんの日光揚げ煮

京都おばんざい風の一品。やさしいお味で、夏向けです。

材料（作りやすい分量）

・油揚げ（市販「日光揚げ」を使用）…1枚
・モロッコいんげん…5～6本
・Ⓐ 醤油…大さじ1
みりん…大さじ1
顆粒和風だしの素…少々
水…200cc

作り方

①油揚げは8等分に切る。モロッコいんげんは食べやすいサイズに切る。
②鍋に合わせたⒶ、油揚げ、モロッコいんげんを入れて火にかけ、ひと煮立ちさせたら完成。

モロッコいんげんの日光揚げ煮

日光揚げふたたび登場。一袋五枚入りですから、いろいろ使えます。食欲の減る夏にはこういうものがよく、薄味にするのがコツ。夏が暑く長い京都のおばんざいにありそうな一品。

家飲みの効用は何か。それは不思議にも「案外大酒にならないこと」と気づいた。

居間の食卓で一人。酒は一升瓶がいっぱい並んでいて、しかもタダ。お勘定して電車に乗っての心配もない。飲み終えたら数歩でベッドにバタンキューできるから、いくら深酒してもよいのに案外そうならない。

外で飲めば最低でも、ビール一本にお銚子三〜四本。もう一軒はしごすればさらに増える。それが家だと、缶ビールロング缶一本と、お銚子一本半で終わる。物足りなくない証拠に、残した酒を一升瓶に戻すこともある（酒にはケチです）。俗に晩酌は「小半＝こなから」二合半が適量と言うが、そこまでもいかない。

これすべて安心しきっているから。どれだけ飲んでもよいとなると案外飲まないもの。

逆に家で大酒深酔いするのはバカです。

イワシの梅しょうが煮

煮魚は難しい料理。いただくのも感謝して。

材料（2人分）

- イワシ（煮つけ用）…4尾
- 梅干し…1粒
- しょうが…2片
- Ⓐ　醤油…大さじ2
　　酒…大さじ2
　　砂糖…大さじ1と1/2
　　水…100cc

作り方

①梅干しは種を取り除く。しょうがは1片を薄切りにし、1片を針しょうがにする。
②鍋にイワシ、梅干し、薄切りにしたしょうが、Ⓐを入れて火にかけ、イワシに火が通るまで煮る。
③器に盛り、針しょうがを添えたら完成。

イワシの梅しょうが煮

いよいよ煮魚。まずは代表〈イワシの梅しょうが煮〉。イワシの生臭さをどれだけ消すかがポイント。そのため梅干しは思いきって大きく高級な南高梅で、甘さをふくむ酸味を生かす。食べるにはどこから箸を入れるかが技だ。

私の好きな煮魚は〈メバル〉〈金目鯛〉〈カレイ〉。カレイは子持ちなら言うことなし。

居酒屋や料亭で最も技術と緊張を要するのが煮魚だ。岡山の名板前割烹「小《お》ぐり」は注文を受けると、こちらに背を向けたまま、醤油や火加減、煮汁のかけ回しにじっと集中し、二十分こちらを振り向くことはない。而《しこう》して上った皿の味の豪華なこと。

そこまでしたのを、いかにいただくかが礼儀。私は煮魚の食べ方がうまく、まず箸で身を捌き、大骨をはがし、身をしゃぶったえらや小骨は片隅に集める。「小ぐり」で最後に勾玉《まがたま》のような小骨「鯛の鯛」を置いた皿を見た主人に「きれいにお召し上がりで」と言われた時はうれしかった。もちろん妻にもそのつもりできれいな皿を残している。

イカと大根の甘辛煮

誰でも好きなこれ。イカはほんとに役に立つ。

材料（作りやすい分量）

・イカ…1杯
・大根…1/4本
・Ⓐ　醤油…大さじ3
　　酒…大さじ1
　　みりん…大さじ1
　　砂糖…少々
　　顆粒和風だしの素…少々

作り方

①イカは内臓や軟骨などを取り除き、胴は輪切りにする。足は食べやすい大きさに切る。
②大根は1cm幅の半月切りにし、水から5分ほどゆでこぼす。
③鍋にⒶ、イカ、大根を入れて火にかけ、20分ほど煮る。大根が柔らかくなったら完成。

イカと大根の甘辛煮

これは定番。イカ煮は魚ほど難しくなく、煮汁の旨みをどれだけ大根にしみ込ませるかがポイント。なのでやや濃い味で煮て、時間を置くほどよい。私の故郷、山国信州は昔は生イカは届かず、茹でた〈煮イカ〉で売られ、母はよくこれで〈イカ大根煮〉を作ってくれた。

北海道函館はイカの町で、朝獲れを「いがー、いがー」と売り歩く。食べ方はもちろん、水槽で泳いでいるのをさっと開き、切り身になってもまだ動いている〈活イカ〉だが、何度かいただいたある日、「その活イカを煮てくれない？」と言うと、店のおばさんは莞爾《かんじ》として笑い、しばらくして届いたそれのうまかったこと！「これもおいしいのよ」と喜んでくれ、イカ身は、胴、げそ（足）、エンペラ（三角のところ）と三つあり、通はエンペラを好むとか。

一方居酒屋は、白くなってしまった刺身以外、あまりイカ料理はないのが不思議。

刺身も、煮ても、焼いても、フライにしても、塩辛も、お祭り屋台の串焼きイカでもおいしいイカは、やっぱりえらい奴。

煮もの

鱈《たら》豆腐

わびしい贅沢。冬の夜はこれをつついて燗酒を一杯。

材料（1人分）
- 鱈（切り身）…1切れ
- 豆腐…1/2丁
- 板昆布…1枚
- 醤油…適量

作り方
①鍋に水適量（分量外）と板昆布を入れて浸けておく。
②豆腐を加えて火をつけ、沸騰したら鱈を加える。
③鱈に火が通ったら器に盛り、醤油をかけていただく。お好みで柚子胡椒を添えても。

鱈豆腐

家飲みならば冬は鍋物と思うかもしれないが、食卓にガス台や鍋、各種具材、取り皿類を並べるのは大げさで、これでは食事になってしまう。酒席はもっとシンプルでなくては。

そこで〈鱈豆腐〉。写真のように簡単。豆腐は切らない半丁。もともと居酒屋の湯豆腐は一丁を切らずに温める〈温奴《おんやっこ》〉で、そこに鱈を入れたものだ。温奴は温めた一丁に、辛子を塗ったり一味を振ったりしてねぎを乗せて出す。

昭和十四年、成瀬巳喜男《なるせみきお》監督の映画『はたらく一家』で、子だくさんな職工役の徳川夢声《とくがわむせい》が、夜一人で湯豆腐を前に「鱈が入るとうまいんだがな」とつぶやく場面があった。

月島「岸田屋」など古くからの居酒屋にはあったが、今もこれを出すのは鎌倉の小さな店「よしろう」で、粋な女将が「簡単なのよ」と言う。けれどファンは多い。

これはいいものです。春菊一本入るときれいになる、などと言わず、ちょっとわびしい贅沢が取り柄。終えたらすっと下げてしまうのが粋というもの。

煮穴子

名品、しずしずと登場。酒もとっておきのにしよう。

材料（作りやすい分量）
- 穴子（開き）…1尾
- 酒…大さじ3
- Ⓐ　めんつゆ（3倍濃縮）…50cc
  水…150cc

作り方
①穴子を食べやすいサイズに切る。
②鍋に穴子と酒を入れて火にかけ、臭みを消す。
③別の鍋に②の穴子とⒶを入れて火にかけ、煮る。
④穴子に火が通ったら、硬くならないうちに火を止める。
⑤器に盛り、お好みで山椒を振る。

煮穴子

居酒屋にあれば必ず注文するのは〈煮穴子〉だ。ここのはどうかなと期待がこもる。同じ長ものでも脂の強いうなぎは蒲焼きしかないが、穴子は刺身も、焼いても、煮ても、おいしい。

東京の名産地は品川。品川の居酒屋「牧野《まきの》」は、注文すると水槽から活き一尾を出してその場で捌き、まずはぷりぷりの刺身。次の炭火網に乗せた切り身は、熱さにもだえて動く生命力が強いのを、急がず縦横しっかり焼いて焦げ目のついたのをわさび醤油で江戸っ子を泣かす。煮穴子ならば月島の「味泉《あじせん》」。長時間浸すように煮て、さましておき、出す時少し焙る、たいへん手間のかかる調理は透明な甘味に香りが立ち、やがてどっしりしたコクが現れる絶品だ。さてこれを家で挑戦してくれた結果は、あっさり目でなかなかいける。煮穴子で晩酌できるとは「やるなあ」と思った。ならば振る山椒は京都・原了郭《はらりょうかく》か、信州・八幡屋礒五郎《やわたやいそごろう》か。

穴子は最近人気らしく、穴子料理を専門とする店が増えているようだ。こんど行って、お手並み拝見としよう。

牛ごぼう

お総菜で飲む。これぞ居酒屋ではできない良さ。

材料（2〜3人分）

・牛こま切れ肉…100〜150g
・ごぼう…1本
・Ⓐ　醤油…大さじ1と1/2
　　酒…大さじ1
　　みりん…大さじ1と1/2
　　砂糖…少々

作り方

①ごぼうはささがきにする。
②鍋にⒶとごぼうを入れてさっと火を通したら、牛肉を加えて煮込む。
③ごぼうが柔らかくなったら完成。

牛ごぼう

私のごぼう好きを知ってか作ってくれた一品。ごぼうはどう料理しても自分を失わず、ビールにも日本酒にも頼りになる。

居酒屋にはこういうお総菜がなく、プロとしては家庭料理は仕事ではないと思っているのだろう。京都は家庭料理〈おばんざい〉をうたう古は多いが、これは京都の伝統にしっかり根ざした保守的なものだ。

私が感嘆したのは明石の立ち飲み屋「たなか

屋」だ。黒板を埋め尽くす日々変わる品書き、とうもろこしとオクラのお浸し、わけぎとゆずのおから、セロリとじゃこのきんぴら、いぶりがっこ奈良漬けのクリームチーズ和え……。これぞお総菜に、立錐《りっすい》の余地もない小さな立ち飲みカウンターを埋める男女から「何々！」「あそれ、私も」「オレも」ととぶ注文を余裕でさばいてゆく。

表のたなか酒店の奥様が先代の言い残しで奥で始め、「酒に合う料理をお出しする」に徹しているのが清々しい。著書『明石・魚の棚商店街「たなか屋」の絶品つまみ』は妻の愛用書。

長ねぎの牛肉巻き

ねぎ、堂々の主役。辛味のある関東ねぎで。

材料（1人分）

・牛薄切り肉…3枚
・長ねぎ（白い部分）…10㎝
・すき焼きのたれ…適量

作り方

①長ねぎを牛肉の大きさに合わせて切り、牛肉で巻く。
②小鍋にすき焼きのたれと①を入れ、火にかけて煮る。長ねぎに火が通ったら完成。

長ねぎの牛肉巻き

こう来たか。ねぎも驚いたことだろう。こんな立派なコートを着せてくれるなんて。では、とかじると、辛い太ねぎはすっかり甘くなり、これはねぎを食べる料理だぞと主張する、堂々の主役だ。よく考えたな。

ねぎは関東関西で異なり、関東は根方の白いところを食べる根深の〈白ねぎ〉で、代表は「千住《せんじゅ》ねぎ」。関西は上の青いところを食べる葉ねぎ〈青ねぎ〉で、代表は「九条《くじょう》ねぎ」。この牛肉巻きは、身が硬く締まった太い白ねぎで、中が空洞の青ねぎではできない。

私の故郷信州人はねぎをよく食べる、というか冬が長いのでねぎくらいしかない。名産〈松本一本ねぎ〉が曲がっているのは、育ったのを一度抜き、あぜに寝かせて植え替え、九ヶ月かけて養分をつけるから。

母は「ねぎを食べると頭がよくなる」と食べさせた。その効果は疑問だったが、おかずがねぎばかりの言い訳だったのかもしれない。

でも、おかげでねぎ大好き人間になった。感謝してます。

ピリ辛鶏手羽煮

どっさり作る定番料理。かじりついてください。

材料（作りやすい分量）
・鶏手羽中…10個
・こんにゃく…1/2枚
・にんにく…1片
・赤唐辛子（輪切り）…少々
・Ⓐ　醤油…ふた回し
　　顆粒和風だしの素…少々
　　顆粒コンソメ―スープの素…少々

作り方
①こんにゃくは手でちぎる。にんにくは薄切りにする。
②フライパンにサラダ油少々（分量外）を熱し、にんにくと鶏手羽中を入れ、焼き目がつくまで焼く（にんにくは焦げる前に取り出す）。
③ひたひたになる程度の水（分量外）とⒶを加えてひと煮立ちさせ、こんにゃくと赤唐辛子を加えて煮る。火が通ったら完成。

ピリ辛鶏手羽煮

これはわが家の定番料理で、大鍋にどっさり作って仕事場に持ってゆき、昼ご飯のおかずにする。鶏は手羽中を使い、ちょい辛にして、ちぎりこんにゃくをたっぷり入れるのがミソ。

作った日はこのできたてで一杯やる。手に持ち、口で骨からむしり、その指を拭いて一杯。そしてもう一つ。とてもおいしく飽きない。

酒の肴の鶏ならもちろん〈焼鳥〉だが、肉、砂肝、レバー、皮、つくね、などいろんな串は家ではできない。東急目黒線武蔵小山《むさしこやま》は焼鳥店が集中する焼鳥の町。わが家は「鳥勇《とりゆう》」党。おばさん連がいっぱい来て「あれとあれとあれ、三本ずつ」と買ってゆく。一串の値段はみな同じなので計算ははやい。いつも五串ほど買い、七味たっぷりに家で楽しんでます。

銀座もまた焼鳥の町で、銀座の名にかけ、焼鳥といえども丁寧な仕事だ。最高峰は大正十年創業、京橋「伊勢廣《いせひろ》」で接待にも使える。焼鳥はたぶん大阪よりも東京が上だな。

でも焼鳥は焼鳥。「焼鳥で一杯やるか」は、気軽に行こうの合言葉だ。

かぼちゃの洋風煮

たまには食べなさい、栄養があるんですよ。はい。

材料（作りやすい分量）

・かぼちゃ…1/4個
・固形コンソメスープの素…1個（5g）
・水…300cc

作り方

①かぼちゃを食べやすい大きさに切る。
②鍋に水、コンソメスープの素、かぼちゃを入れて火にかけ、柔らかくなるまで煮たら完成。

かぼちゃの洋風煮

甘いかぼちゃはあまり好きではないが、時々「体によいから食べなさい」と出され、しぶしぶ食べると案外おいしい。晩酌に甘いものは出ないので、新鮮でもある。そのうえこれは私の信州の妹が庭で作ったのを送ってきたものと聞けば、もう神妙にいただくしかない。しかしいつもは思い出さない。

子供のころはよく食べた。戦後の食料難に甘いものは貴重で、母はおやつに炊いてくれた。

成長して甘味から離れるとともに忘れたのだ。しかしかぼちゃは脳卒中やがんの予防になるという。ならば今こそ食べる時だ。

かぼちゃの煮物で酒を飲んでいる男がいる。彼は宮沢賢治が好きだ。

雨ニモ負ケズ
風ニモ負ケズ

こうして生きてきてこの歳になった。目の前には丸いかぼちゃが一つある。手で撫《な》でると、人の頭を撫でているようだ。男は自分の頭を撫でられたような気がした。

――とさ。

かき揚げ

家で揚げたて天ぷらで飲める。天つゆ派です。

材料（作りやすい分量）
・桜エビ…適量
・ごぼう…適量
・にんじん…適量
・新玉ねぎ…適量
・クレソン…適量
・小麦粉…適量

作り方
①ごぼうとにんじんは5㎝長さの千切りに、玉ねぎは薄切りにする。クレソンは食べやすいサイズにちぎる。
②ボウルにごぼうとにんじん、別のボウルに桜エビと玉ねぎ、別のボウルに玉ねぎとクレソンを合わせ、それぞれに水適量（分量外）と小麦粉を加えて混ぜる。
③揚げ油で②をそれぞれ揚げたら完成。

かき揚げ

天ぷらは材料をそろえたり、油の温度を見たり、揚げ時間を気にしたり、後片づけもと大仕事料理と思うが、案外気軽に作ってくれる。

家庭天ぷらは野菜が基本。中でもかき揚げ(精進揚げ)はベスト。ちょい贅沢に色どりした桜エビがうれしい。私は塩より天つゆ派で「ヤマキの天つゆ」に大根おろしたっぷりと。

天ぷらは大好きだが、専門店は目の前で次々に揚げ、冷めないうちに塩でどうぞなどと急かされるので行かなくなった。

一方、天丼は、月二度は食べないと気が済まない大好物。日本橋などあちこち食べ歩き、サラリーマンのころから通っている銀座の老舗「天國《てんくに》」の、海老二尾・きす・茄子・野菜かき揚の〈お昼天丼〉一五〇〇円が最良お値打ちとなった。穴子が加わると値が上がる。

しかし通ううち天ぷらの神髄は〈かき揚げ〉にあると知った。ここの海老と貝柱の〈天國特製かき揚丼〉は四五一〇円するが、はたしてそのうまさ。以降たまに、タマーにいただいています。家のかき揚げも同じくらいうまいです。

れんこんの衣揚げ

れんこんは金沢が本場。にんにくとしょうがが利いて、大人の味かも。

材料（作りやすい分量）

・れんこん…適量
・おろしにんにく…少々
・おろししょうが…少々
・片栗粉…適量
・醤油…適量

材料

①れんこんは皮をむき、1cm幅に切る。
②ボウルに醤油、にんにく、しょうがを入れて混ぜ、れんこんを30分以上浸ける。
③れんこんに片栗粉をまぶし、揚げ油（分量外）できつね色になるまで揚げたら完成。

れんこんの衣揚げ

揚げものではこれもよく出る。天ぷらのついでではなく単品なので独立したメニューなのだろう。穴空き顔が笑いかけるようなサックリした噛み心地は、親しみがわく。

れんこんをよく食べるのは名産加賀れんこんのある金沢で、れんこん料理専門店もいくつもある。小坂町産が特に良いとか。お乳の出がよくなるので「しんこん、れんこん、生れんこん」とわらべ唄にあるそうだ。

通人は京都を避け、あえてこちらに行くと言われる金沢は、茶屋文化の町で、夜になると夫婦でも、男女でも、二人で外に食事に出るのが普通の大人の世界がある。私は残念ながらいつも一人だが（泣）、「太田さん、お久しぶりです」と迎えてくれるのがうれしい。

昼に近江町《おうみちょう》市場で魚の品定めをするのも楽しみに、「浜長《はまちょう》」「猩猩《しょうじょう》」「大関」「源左エ門」などで、いくつもの加賀料理の洗練《せんれん》を知った。

一方金沢は学生の町でもあり、「菊一《きくいち》」「高砂《たかさご》」「赤玉《あかだま》」「よし坊」など、彼ら向けに安く、しかし味は一流のおでん屋が多いのも文化だ。

小アジの南蛮漬け

西洋伝来の南蛮料理。出生は長崎でしょうか。

材料（作りやすい分量）

- 小アジ…10尾
- きゅうり…1/2本
- にんじん…10㎝
- セロリ…1/2本
- 赤唐辛子（輪切り）…少々
- 小麦粉…適量
- Ⓐ 醤油…小さじ2
  酢…100cc
  砂糖…少々
  顆粒和風だしの素…少々
  塩…少々

作り方

①アジは内臓を取り除き、小麦粉をはたく。
②揚げ油適量（分量外）でアジを揚げる。
③きゅうり、にんじん、セロリは5㎝長さの細切りにする。
④保存容器に合わせたⒶ、アジ、きゅうり、にんじん、セロリ、赤唐辛子を入れ、ひと晩置いて味をなじませたら完成。

小アジの南蛮漬け

よく揚げれば頭も骨も食べられる小アジで作るのがポイント。揚げものはくどくなると酒に合わないが、これは酢漬けになっているのが、酒のつまみになる。

〈南蛮漬け〉の名は江戸時代長崎の、ポルトガルなど西洋由来の調理法からという。であればワインも合いそうだな。

長崎は母の故郷。戦後の物のない時代に、母は長崎の姉と小包で食べものを送り合った。その中にあった、長崎では〈おばいけ〉という、鯨《くじら》の白い脂をゆがいた〈さらし鯨〉は山国では想像もできないもので、おそるおそる酢味噌で口にした父は「これはうまい」と感心していた。母は海産物の多い長崎にくらべ、送る物はりんごくらいしかないといつも嘆いていた。

　長崎の定評「男は親切、女は美人」はそのとおり。道を尋ねればそこまで連れて行ってくれ、通りで五人すれちがえば一人は美人（きょろきょろしてます）。母のきょうだいも皆「よかよ」とやさしく、ひと理屈言いたがる信州人とはちがう。私は長崎人の方が好きです。

揚げたてアツアツをがりり。揚げない生春巻きもいいです。

春巻き

材料（10個分）

・春巻きの皮…10枚
・豚こま切れ肉…200g
・ピーマン…2個
・たけのこ…100g
・しょうが汁…少々
・Ⓐ　醤油…大さじ1/2
　　オイスターソース…大さじ1/2
　　酒…大さじ1
　　砂糖…大さじ1/2
　　塩…少々

作り方

①豚肉は細かく切る。ピーマンとたけのこは千切りにする。
②フライパンにサラダ油少々（分量外）を熱し、豚肉、ピーマン、たけのこを炒め、しょうが汁とⒶを加えてさらに炒める。
③粗熱がとれたら、春巻きの皮で包み、低温の揚げ油（分量外）できつね色になるまで揚げる。

春巻き

中華料理でおなじみが家でいただける。妻が言うには、餃子、しゅうまい、ワンタン、春巻きの要《かなめ》は、一にも二にも「皮」にあり、紀ノ国屋、明治屋などで売っている「富強《ふきょう》食品」のでなければならないとか。この名を書いた小型トラックをよく見るのは、有名中華店やホテルなどへの配達が毎日なのだろうと。

しっかりきつね色に揚がった太いのを、がりりと噛むといろんな具が入っているうれしさ。

ビールにはたまりまへんな。

揚げていない春巻き、具の赤い海老や緑のパクチーが半透明に透けて見える〈ベトナム風生春巻き〉もたまに出る。

居酒屋の中華系の品は餃子くらいで、それも居心地がわるそうだ。こう考えると居酒屋のメニューはせまい。地方小都市でたいした居酒屋が見つからない時は、あきらめて町中華に入る。おつまみはザーサイ、焼豚、餃子。中華鍋をさっと振ったレバニラ炒めはビールにぴたりだ。居心地派の私はちょっと物足りないが、半端な居酒屋よりはよい。

中華

手作りしゅうまい

ふんわり上がる湯気。醤油には辛子。敷いた野菜もいただきます。

材料（3～4人分）

・しゅうまいの皮…10～15枚
・豚ひき肉…200g
・玉ねぎ…1/4個
・レタス…適量
・おろししょうが…少々
・練り辛子…少々
・塩・こしょう…各少々

作り方

①玉ねぎはみじん切りにする。
②ボウルにひき肉、玉ねぎ、しょうが、塩、こしょうを入れてよくこね、しゅうまいの皮で包む。
③蒸し器に太めの千切りにしたレタスを敷き、しゅうまいをのせ、火が通るまで蒸す。
④器に盛り、辛子を添えたら完成。

手作りしゅうまい

蒸したて五個、下に敷いたレタスも温かく、ふんわり上がる湯気は家庭の幸福で。ちょんと辛子を乗せて醤油を。餃子にはラー油、ワンタンにはポン酢だ。

作家・池波正太郎《いけなみしょうたろう》が好んだという、横浜中華街「清風楼《せいふうろう》」のしゅうまいを食べに行ったことがあった。なんということもない小さな店に行列して入り、すぐ出てきたそれは確かに目も覚めるほどおいしく、ホタテ貝柱を使うと聞いた。こんど家で試してもらおうかな。

横浜中華街は観光客の立ち食い歩きを敬遠し、あれこれ迷っても仕方がないので、私は山下公園隣、混雑しないおっとりした「大新園《だいしんえん》」に定着した。〈しいたけそば〉は絶品です。

中華は奥深いもので、丸い中華鍋に素材を入れ、長いお玉で各種調味料をちょんちょんと加え、最強の火力で鍋をがんがん振って、たちまち出来上がりは、設備もあわせ、とても素人ではできない。せいぜいおだやかな野菜炒めか、餃子、しゅうまい類だが、これで飲む家庭ビールは達観の味。

ワンタン

なめらかなおいしさは、皮がいのち。おすすめの皮は、春巻き同様「富強食品」のもの。

材料（2人分）
・ワンタンの皮…10枚
・豚ひき肉…100～120g
・長ねぎ…5㎝
・固形コンソメスープの素…1個（5g）
・塩・こしょう…各少々
・水…400cc

作り方
①ボウルにひき肉、塩、こしょうを入れ、よくこねる。
②ワンタンの皮で①の肉ダネを包む。
③鍋に水とコンソメスープの素を入れて火にかけ、ひと煮立ちさせたら②のワンタンを加える。
④ワンタンが浮いてきたら、小口切りにした長ねぎを散らして完成。酢醤油でいただいてもおいしい。

ワンタン

湯の中でほんわかと湯気を上げるワンタンは、いつまでも温かいのがうれしい。皮がいのち。これもまた富強食品でなければならない。

私の史上最強のワンタンメンは山形県酒田の店「そば川柳」だ。作家の椎名誠《しいなまこと》さんはここに一日二回来て大盛りを食べた。で、私も訪ねた時の拙文《せつぶん》。

〈……いよいよ箸でワンタンを持ち上げた。ぐっしょり濡れたワンタンはハンカチのように大きいが、透明な皮は少しも破れず、箸にずしりと重い。濡れ下がる広大な皮に透ける肉はほんの少し。ワンタン＝雲呑は皮（雲）を呑むもの。なめらかな喉ごしはスケスケ天の羽衣《はごろも》のようにエロチックだ。丼底からワンタンが「まだあるわよ、まだあるわよ」とばかりに出てきて無我夢中。細麺は時間がたつとのびるがワンタン皮はのびないのは偉い……〉

よく書くでしょ。主人は一日の大半は皮打ちの労働で、膝でのし棒をぐいぐい押し、これが薄く破れない皮のポイントと言っていた。

ワンタンは皮を食べるものなのだ。

茶わん蒸し

立ち上る湯気、丁寧にいただきたい特別なお碗。

材料（1人分）

・鶏肉…30g
・しいたけ…1枚
・銀杏…1個
・卵…1個
・お吸いものの素（永谷園）…1袋
・湯…180cc

作り方

①鶏肉は食べやすい大きさに切る。しいたけは薄切りにする。
②ボウルにお吸いものの素と湯を入れて混ぜ、冷めたら溶いた卵を加えて混ぜる。
③茶わんに鶏肉、しいたけ、銀杏を入れ、ザルで濾した②の卵液を加える。
④蒸し器で③を強火で3分、弱火で10分ほど蒸す。竹串を刺し、透明な汁が出るようになったら完成。

茶わん蒸し

きちんとしたお嬢様のようにすましした〈茶わん蒸し〉をいただくのは特別な時だ。丁寧に作られたものだから丁寧にいただかなければ。そっと蓋をとって、立ち上がる湯気を嗅ぎ、小さな匙で掬《すく》って出汁加減を味わっていると、銀杏や鶏肉がそっと顔を出す。

その小碗の中のドラマがしばし酒も忘れる茶わん蒸しの楽しみだ。私は具に少なくてよく、プリンのような玉子そのものが好き。

居酒屋カウンターにご夫婦で来ているのによく会い、そっと見ていると、ご主人は遠慮してお新香くらいだが奥さんは度胸があり、活海老塩焼きにサワラ西京焼きと豪華。そして茶わん蒸しを忘れない。女性はこれが好きなんだ。私は正直、人前で小さな碗を匙で掬っているのはちょっと恥ずかしい。

京都の名店「食堂おがわ」のある日のお通しが、とても可愛い小さな茶わん蒸しで、しかも具がなく「やるなあ、酒飲みをわかってるなあ」と思った。その出汁は最高だった。

家でもそれをいただいてます。

エンゼルケーキ

余った卵の白身がケーキに変身。そろそろ晩酌も終わりころ。

材料（18cmのパウンド型1個分）

・薄力粉…80g
・コーンスターチ…20g
・卵白…6個分
・グラニュー糖…100g

作り方

①ボウルに卵白を入れ、ツノが立つまで泡立ててメレンゲを作る。
②薄力粉、コーンスターチ、グラニュー糖を加えて混ぜる。
③パウンド型に②の生地を流し入れ、170℃のオーブンで30分ほど焼く。
④完全に粗熱がとれたら、型から外して完成。お好みで生クリームをあしらってもおいしい。

エンゼルケーキ

ここでなぜケーキかというと、前述〈玉子の味噌漬け〉を作ると白身が大量に余るので、その利用で思いついたという。妻は子供のころ、お菓子店のエンゼルケーキが大好きだったので、それを再現してみたと。山奥田舎育ちの私は、へえと言うばかり。

ごれどれといただくと甘味はほんのわずかで、ほわりと軽くおいしく、飲み後半の肴にもなる。たまにはいいいな。

お通しだ、魚だと飲み続けた最後は、決まって乾きものをぽりぽりやり始める。定番は新潟亀田の〈柿の種〉。ピーナツが入っているのがありがたい。せんべいもよく、時々老舗のをいただくとうれしい。醤油味の海苔巻きあられ〈品川巻〉は大好物だ。

あられの最高峰は麻布十番「豆源《まめげん》」の〈塩おかき〉。特別な米で炊いた餅を天日干しで乾かし、それの揚げたてという手のかかったもの。雨天続きとかで品が消えた後、再開すると大袋をいくつも買って行く人がいた。

はい、晩酌お終い。

おわりに

料理に文章をつけてゆくうち、家飲みと居酒屋のちがいが明確になった。
家飲みのおつまみは、
・はやく簡単
・市販品などを遠慮なく使う
・品書きはなく、何が出るかわからない
・食べる相手が決まっているので好みを知っている
居酒屋のおつまみは、
・手を抜かない
・市販品などは使わず自家製する
・品書きから注文した品が出てくるので意外感はない
・誰にも合う万人向きにする

市販品などとは、だしの素や缶詰など。居酒屋はプロとしてそれは使わず、出汁ひきはもちろん、ポン酢も漬物も、すべて自家製して店の味をつくり、客はそれを目当てに入り、味わう。

しかし家飲みは、その日の都合で手抜きもＯＫ。あまりお金をかけず気楽にいこうよでありながら、時に「お、これはうまい」もあって楽しみということだ。

私の仕事場のせまい台所で妻が料理作成した撮影は一日二十品、三日間かかり、一品終えるごとに、ディレクション・横須賀さん、カメラマン・米谷さん、編集・滝澤さんは箸をつけ「おいしい」と声をあげ、米谷さんは二日目に大きな持ち帰り用タッパーを持参した。

妻の作るおつまみが本になりました。スタッフの皆さん、そして妻に感謝します。

２０２４年９月　太田和彦

編集後記

太田さんの書籍刊行後に、打ち上げをさせていただくのも前著でもう三回め。お店はいつも太田さんの行きつけ、四ツ谷「タキギヤ」さんで、全国各地の厳選された日本酒を燗で、手間暇かけて仕込んだ肴をつまみに乾杯。

太田さんは「まずは何を頼まれるのだろう」といつも興味津々な私は、「滝澤さんは何を頼む?」と先に聞かれてしまうと、下手なものは頼めないなあと緊張。そんな時に、「太田さんて、家だと何をつまみにお酒を飲まれているんですか?」と聞いてみたのが、本書をつくるきっかけになりました。

「家だと、妻がグラタンを作ってくれたりして、それが意外と僕は好きでね……」「しゅうまいやワンタンもいいんだよ」と目を細める太田さんの言葉を、そっとメモ。

聞き進めると、太田さんの奥様は、毎朝毎晩作った料理を「小料理いづみお献立帖」に書き留め、もう四冊めになったとか。

「太田さん、それです！　それを本にしましょう」。戸惑う太田さんを押し切り、奥様の多大な貢献をいただいて、こうして一冊の本にすることができました。

長年お料理をされてきた経験と勘で、手際よくたくさんのおつまみを作ってくださるその後ろ姿は、私の亡くなった母ともかぶり、出来上がった料理の数々はどれもおいしく、懐かしく、やさしいお味。

「これはビールが欲しくなりますね」「これは日本酒かな、辛口の」なんて言いながら、スタッフの方々と楽しく撮影をさせていただきました。

ぜひ皆さまにも、太田家のおつまみで「第一部」「第二部」を楽しんでいただき、家飲みがさらに至福の時間になりますことを願っております。

大和書房　滝澤和恵

太田和彦（おおた・かずひこ）

1946年、北京で生まれ長野県松本市で育つ。デザイナー、作家。東京教育大学（現筑波大学）教育学部芸術学科卒業。資生堂宣伝部制作室のアートディレクターを経て独立し、「アマゾンデザイン」を設立。デザイン関連の受賞多数。2001～08年、東北芸術工科大学教授。本業のかたわら日本各地の居酒屋を訪ね、テレビ番組のナビゲーターとしても活躍している。
1990年に初となる著書『居酒屋大全』（講談社）を刊行。以後、多数著作を上梓。主な著書に『居酒屋百名山』『ニッポン居酒屋放浪記』（新潮社）、『70歳、これからは湯豆腐』『75歳、油揚がある』（亜紀書房）、『家飲み大全』『一杯飲んで帰ります』『人生を肴に ほろ酔い百話』（だいわ文庫）などがある。

本作品は当文庫のための書き下ろしです。

だいわ文庫

家飲《いえの》み大全《たいぜん》 おつまみ編《へん》

著者 太田和彦《おおたかずひこ》

二〇二四年一〇月一五日第一刷発行

発行者 佐藤 靖

発行所 大和《だいわ》書房

東京都文京区関口一‐三三‐四 〒一一二‐〇〇一四

電話 〇三‐三二〇三‐四五一一

フォーマットデザイン 鈴木成一デザイン室

本文デザイン 横須賀 拓

本文写真 米谷 享

料理制作 太田いづみ

本文印刷 光邦

カバー印刷 山一印刷

製本 小泉製本

ISBN978-4-479-32105-7

乱丁本・落丁本はお取り替えいたします。

https://www.daiwashobo.co.jp